P9-AQF-570

El infierno de Ana

Una historia de adicciones y rehabilitación

El infierno de Ana

ANA PAOLA SIERRA ARZUFFI

Prólogo de Ruy Xoconostle

Diseño de portada: Alejandra Ruiz Esparza
Fotografía de portada: © Shutterstock
Fotografía de autora: Alfredo Roagui

© 2015, Ana Paola Sierra

Derechos reservados

© 2015, Editorial Planeta Mexicana, S.A. de C.V.
Bajo el sello editorial DIANA M.R
Avenida Presidente Masarik núm. 111, Piso 2
Colonia Polanco V Sección
Deleg. Miguel Hidalgo
C.P. 11560 México, D. F.
www.planetadelibros.com.mx

Primera edición: enero de 2015
ISBN: 978-607-07-2519-7

No se permite la reproducción total o parcial de este libro ni su incorporación
a un sistema informático, ni su transmisión en cualquier forma o por cualquier
medio, sea éste electrónico, mecánico, por fotocopia, por grabación u otros
métodos, sin el permiso previo y por escrito de los titulares del *copyright*.
La infracción de los derechos mencionados puede ser constitutiva de delito
contra la propiedad intelectual (Arts. 229 y siguientes de la Ley Federal de
Derechos de Autor y Arts. 424 y siguientes del Código Penal).

Impreso en los talleres de Edamsa Impresiones, S.A. de C.V.
Av. Hidalgo núm. 111, colonia Fracc. San Nicolás Tolentino, México, D.F.
Impreso y hecho en México – *Printed and made in Mexico*

R0446168222

ÍNDICE

ÍNDICE

"Todos los dibujos que aparecen en el libro fueron realizados por la autora en el lapso de tiempo de su rehabilitación. Han sido extraídos de sus diversos diarios y correspondencia que sostuvo con su hermana".

PRÓLOGO

A veces las historias llegan a uno sin proponérselo. Y no me refiero a las historias "del diario", a los chismes del vecino, a la charla de pasillo en las oficinas, a la anécdota casual de elevador. Hablo de esas historias especiales que llegan a uno, que se quedan y que crecen sin que sea necesario mover un dedo, prestarles atención, cultivarlas. Esas historias son como las plantitas que crecen inadvertidas, sin necesidad de espacio y luz. Un día inesperado, hay una planta, una flor nueva en el mundo. *"Life finds a way"*, diría el doctor Ian Malcolm.

Sucede lo mismo con las historias. Y a veces estas historias encuentran un canal de resonancia perfecto para que alguien más las escuche.

Ana Montana. Ese era el nombre de un personaje sin rostro del pasado de mi novia, Marieli. Ella siempre tenía historias por compartir sobre Ana Montana y yo las escuchaba con ganas, pues era evidente que Ana Montana, desde semejante denominación, era una de esas personalidades pegajosas que es difícil ignorar. En aquellos relatos podía verse que Ana Montana era graciosa, pero también complicada. Ana Montana era amor, pero también oscuridad.

Entonces, Ana escribió un manuscrito, nada definitivo o demasiado extenso, quizás unas sesenta cuartillas en *Word* y nada más. Mi novia me lo hizo saber. Me hizo llegar un par de fragmentos. Pensé: "esto debería ser un libro", más por las posibilidades narrativas de relatar los años salvajes de alguien, de cualquier persona (recordé aquella canción de Tom Waits que se llama *Frank's Wild Years*), que por el resto de la historia, que no conocía, o por Ana, a quien tampoco conocía.

Aquello sucedió en noviembre de 2012. En enero de 2013, Ana y yo nos conocimos gracias a Marieli, quien coordinó el encuentro en un café de Polanco que es muy incómodo pero muy lindo. Ana me pareció un acertijo: no supe si me cayó bien o "equis", aunque estaba seguro de que no me cayó mal. Su tranquilidad para hablar se mezclaba con un extraño nerviosismo. Por afuera parecía una persona calmada e incluso *hippie*, pero imaginé que por adentro sonaba una canción de Icona Pop + Charli XCX a todo volumen. La personalidad pegajosa se había convertido en algo real, fuerte. Con una historia digna de contar. Hablamos de las motivaciones para emprender la tarea de escribir un libro y de la forma de trabajo. Para mí era importante dejarle claro que yo era una persona seria en el oficio editorial, que había escrito varios libros y editado otros, que tenía un par de décadas dedicándome a las letras. Ana me creyó y estuvo dispuesta a entrarle. Llegué a mi casa y abrí una carpeta en *Google Drive* que titulé *The Ana Montana Project*.

Los años salvajes de Ana no son solo un recordatorio de que cualquiera puede caer en el infierno de las drogas y el alcohol. Este libro no es precisamente una repetición de *Pregúntale a Alicia*, el volumen que durante mi adolescencia, en los años ochenta, funcionaba a manera de fórmula para espantar a los chamacos, en una época en la que el consumo de sustancias entre los mexicanos de la clase media crecía de forma alarmante. Me explico: aunque *El infierno de Ana* indudablemente es lo que los anglófonos llaman "*a cautionary tale*" (un cuento con moraleja), la profundidad de su narrativa no se estaciona en un simple letrero de "cuidado" ni en una advertencia. Este es un libro personal, directo, honesto. Dentro de sus páginas hay una persona real, de carne y hueso, una persona que nos ha abierto su corazón para relatarnos qué se siente pasar "una temporada en el infierno", como diría Rimbaud. Uno en el que no se sufre solo: sufren también aquellos que nos aman.

Seguramente hay historias más duras, hay adicciones más *hardcore*, hay gente que la ha pasado peor. Pero Ana no solo ha escrito sobre ella: ha escrito también sobre las pequeñas cosas que nos hacen alienarnos del mundo. En este mundo se espera que seamos excelentes estudiantes, pero también que no faltemos a ninguna fiesta y que lo hagamos con nuestras mejores prendas, y sin subir un solo kilogramo, y que después de botella y media nuestra sonrisa perfecta aparezca en esa foto en *Instagram* –y que estemos en pie al otro día, listos para repetir la fórmula. Claro, también se espera que estemos un poco *fucked up*, pues en esta época donde el *Like* es el ying, el *unfriend*, el *unfav*, el *uncool* y el *ewww* son el yang. ¡Es tan difícil ser perfecto cuando todos observan lo que haces en la pantalla del teléfono!

Para mí, Ana ha escrito un libro sobre lo que significa estar *fucked up* en esta época en la que estamos tan conectados pero a la vez tan desconectados. Y lo ha hecho sin miedo, con una sonrisa dibujada en el rostro, con un increíble sentido del humor. Hay pasajes crudos, alucinantes, atemorizantes. Momentos de profunda tristeza. En este libro, Ana es "Alicia en el subterráneo". Es aquella niña perdida, Dorothy, caminando por el camino amarillo.

Sin embargo, al final triunfa. Por ello ha sido un privilegio entrar al mundo de Ana y ayudarla a que sus palabras se conviertan en una voz. Mis mejores deseos son para ella y su familia, y que cualquiera que lea este libro encuentre la luz.

Ruy Xoconostle W.
Octubre de 2014

GRACIAS

A mi *soulmate*, Sissie, The Cocoliso, Herman's, Bob, Carl's Bentley, Hermanopla, Bobbins, *a.k.a.* mi única hermana. Ser la *Big Sister* es un gran título; sin embargo, creo que muchas veces tú tuviste que adoptar ese rol, aun siendo la chiquita. Por todos esos *Earl and Randy moments* antes de dormir; por apoyarme con la idea de ponerle nombres de los Backstreet Boys a nuestros hámsteres; por confiar en mí; por SIEMPRE estar ahí; por empujarme a salir adelante y a ser una mejor persona; por creer en mí; por darme la fuerza y por tratar de entenderme cuando nadie más lo hace. Gracias, *Little Big Sister*.

A La Chendy, Señora, Mamotreto, *a.k.a.* Mamá. Por conocerme mejor que nadie, por saber las cosas antes de que yo misma las supiera; por siempre ser tan directa, transparente, única y mágica; por hacerme reír tanto cada vez que le cambias el nombre a los actores y actrices (estoy segura de que a Rushell Crown y Jennifer Agniston no les importaría mucho); por orillarme a siempre ver más allá; por nunca haber perdido la esperanza y asegurar que no todo estaba perdido. Gracias, Ma.

Al Pelón, Papotreto, Papo, Fasha, *a.k.a.* Papá. Por tu fortaleza; por haber salido adelante de la manera como lo hiciste; por nunca soltarte y por ser un hombre tan admirable. Hemos recorrido caminos difíciles en nuestra recuperación y tú mejor que nadie sabe que eso nos hace conectar en otro nivel. Si por ahí tienes el teléfono del doctor MacCliffcloff, llámale y dile que gracias de mi parte por haber sido el mejor villano de mi infancia. Gracias, Pa.

A Molusco, Rinoceronte, Amor, *a.k.a.* Kari, mi nueva compañera de vida. Gracias por llevarme todos los días a Starbucks por las mañanas; por aguantarme en este proceso tan difícil; por apoyarme en todos los sentidos y no dejar que me pierda; por cumplir todos mis berrinches; por aceptar tener a una rata pelona como hija; por no soltarme y seguir a mi lado en las buenas y en las malas. Lo mejor está por venir, no te sueltes. *We're a team, THE BEST ONE.*

A Ruy, mi editor. Pero antes que nada, gracias a Marieli por haber creído que mi historia era lo suficientemente buena como para mostrarse; por haberlo orillado a leerla y por haber creído que tenía potencial. Por haber estado desde el principio e impulsarme a hacer algo que jamás pensé que llegaría a hacer. He aprendido muchas cosas en el proceso y agradezco que hayan estado en todo este camino. Gracias por tu tiempo, Ruy.

Gracias a todas las personas que me han apoyado en todo este proceso, desde mi recuperación hasta el proyecto de mi libro.

Familia: en especial a mi tío Mike que también entiende lo difícil que es recuperarse de una adicción. Gracias por haber ido a visitarme tantas veces y por tus palabras de apoyo en los momentos más difíciles. Gracias a mi tito Enrico por haber sido mi *role model*. Por toda la sabiduría que me transmitiste a lo largo de tu vida y por tener una historia digna de contarse y que todo el mundo debería conocer.

Amigas: a Buddhie por haber sido de las primeras personas que leyó lo que escribí y por haberme mandado notas e ideas al respecto. A todo The Burn Book en general: Bebu, Sheyk, Neni –sé que nunca me perdonarían no estar en mi hoja de agradecimientos. Gracias por siempre hacerme reír tanto y por su apoyo. "Mi Verdú se hizo realidad"; faltan ustedes.

A Juan Carlos: gracias por al final creer en mí cuando ningún otro doctor lo hizo.

Aunque sé que no van a leer esto, gracias a mis compañeros más fieles: *Bullet*, *Lily* y *Brucas*, que me han dado amor incondicional sin haber tenido que decir una sola palabra.

Gracias a todos los seres (humanos y animales) que han estado conmigo a lo largo de mi vida. De alguna u otra manera he aprendido de CADA UNO de ustedes.

Por ejemplo: de *Stephen*, mi pez, aprendí que puedes ser lo que tú quieras. Él no sabía que era un pez betta, pero decidió tener la personalidad de un delfín. Una bonita lección de vida que no había entendido. Gracias por eso, *Stephen*. Y *Sherlock* y *Watson*, mis ratones chinos, quienes me enseñaron que no se puede forzar una relación cuando no hay química.

Gracias a quienes están leyendo este libro, que es mi experiencia tal cual. Me "encueré" para todos ustedes y espero dejar algo, lo que sea, en cada uno.

La parte más difícil ya la logré... ¡escribí un libro! Me falta plantar un árbol.

:)

Ana

¿Acaso existe un punto específico que podamos señalar y del que podamos decir: todo empezó este día, en este momento, en este lugar y con este incidente?

AGATHA CHRISTIE

Mis lágrimas no me dejan ver con claridad. Estoy frente al espejo: veo mi cara, pero no soy yo. Estoy viendo a alguien más, a alguien que no reconozco, alguien completamente ajena a mí.

Limpio mis lágrimas una y otra vez para ver si la imagen cambia, para ver si puedo encontrarme en ese espejo, pero rápidamente se me nubla la vista.

Me doy cuenta de que tengo en la mano una navaja. Una navaja suiza. Trato de recordar cómo es que la conseguí, pero no llego a ninguna conclusión... de todas formas no importa. Regresa a mí un pensamiento. ¿Qué quiero hacer con ella?

No quiero usar las navajas adentro de la navaja suiza: quiero usar las tijeras.

Suelto mi pelo, largo, y empiezo a cortar mechones. Al principio son pequeños porque las tijeras son diminutas, pero después empiezo a tomar mechones más grandes y a cortarlos sin ninguna secuencia. Mechones, mechones, mechones, solo mechones... Sin detenerme, volteo al lavamanos y ahí lo veo. Ahí está todo mi pelo. Levanto la mirada y me miro frente al espejo. Ya no me quedan lágrimas, pero estoy temblando. Aviento la navaja y me hinco enfrente del excusado.

A pesar de que no tengo nada en el estómago, solo espuma y un líquido amarillo con un sabor amargo, no puedo dejar de vomitar.

Agotada, caigo al piso del baño y las lágrimas regresan. Es difícil respirar y siento frío. Tiemblo y vuelvo a vomitar en el piso y en mi ropa. No puedo levantarme, me siento demasiado débil. ¿Qué me está pasando? Veo unas pastillas que se escurrieron afuera de mi sudadera cuando caí. Recuerdo que me tomé casi todas las pastillas de una caja antes de entrar al baño...

Logro incorporarme, tomo las pastillas restantes y las meto a mi boca. Intento tragarlas pero mi boca está demasiado seca. Me levanto y voy al lavamanos, abro la llave y veo cómo todo el pelo que me corté se moja...

Acerco mi boca a la llave y tomo agua para pasarme las pastillas...

Toc, toc, toc.

"¡Ana! ¿Estás ahí?", pregunta una de mis compañeras. "¡Abre la puerta! ¡Ana! ¿Qué estás haciendo? ¡No vayas a hacer nada estúpido!"

Pero yo ya había hecho algo estúpido.

"¡Ana!"

Vuelvo a caer al piso. No puedo pensar bien. ¿Qué hago? ¿Abro? No tengo adónde ir, no hay una salida aquí.

Escucho más voces afuera: son el doctor y una de las terapeutas. Todos me dicen cosas que no logro entender ni distinguir bien.

Después de unos minutos, abro la puerta...

Todos me miran.

"Ana Paola, ¿qué te hiciste?"

UNO

capítulo

SIEMPRE HE QUERIDO VIVIR EN OZ

Siempre he querido vivir en Oz o en Neverland o en alguno de esos lugares donde el tiempo no es importante, el dinero no existe y todos se ayudan entre sí. Sé que hay peligro porque quizá no exista ningún lugar completamente libre de maldad. En Oz están las brujas; en Neverland, el Capitán Garfio y sus piratas; en Wonderland, la Reina Roja. Supongo que sería más fácil si en la vida real tuviéramos que cuidarnos solo de un tipo de villanos... piratas, reinas que cortan cabezas, estar pendientes de ESE tipo de personas y nada más. Tener que voltear a todos lados, cuidarse la espalda todo el tiempo, complica las cosas. No todo es malo; al contrario, creo profundamente que existen más personas buenas que malas en este mundo. Pero, ¿quién decide quién es bueno y malo? Supongo que eso está en cada uno. También creo que todos tenemos un poco de ambos. Cuando era niña, mi hermana y yo recogíamos a los saltamontes muertos en nuestro jardín, les cortábamos la cabeza, los guardábamos en un frasco, tocábamos el timbre del vecino más amargado de la cuadra y disfrutábamos verlo rabiar. Nos gustaba hacer llorar a los maestros de desesperación y ponerles apodos. "Bueeeenos días *Miss Mostacho*", le decíamos a la maestra de química. Sí, tenía un gran bigote. Sin importar cuánto nos burláramos de ella, nunca se lo depiló. El *teacher* Héctor era muy muy muy gordo; en ese entonces llamarlo "Botija" era chistoso (ahora que lo pienso, seguro fue un hombre que sufría muchísimo; él me enseñó a tener bonita letra y buena ortografía).

Mis papás pensaron que sería buena idea bautizarme Fiorella, que quiere decir "flor" en italiano. Qué bueno que no lo hicieron; supongo que hubiera sido víctima de *bullying* toda mi vida. De todas formas no me identifico con ese nombre. ¿Florecita? Definitivamente no.

A veces siento que vivo en un mundo al revés: cosas que para mí son normales, para los demás resultan un tabú y un conflicto. Las jerarquías, las etiquetas, las reglas... todo eso me parece una reverenda estupidez; tal vez sí tengo un corazón rebelde, no sé.

Nunca me gustó la escuela. En primaria sufrí al ser ligeramente *bulleada*. Cuando entré a secundaria era completamente nueva en la escuela y no hablé con nadie durante todo el primer día. El segundo día de clases, volteó mi compañera que se sentaba enfrente de mí y me dijo: "¿Y tú... eres lista o burra?". Pensé: ¿Qué es ser lista y qué es ser burra, a qué se refiere? Me considero una persona inteligente, sí, pero si hablamos de calificaciones y de desempeño en la escuela...

"Creo que burra."

Me sonrió y se volteó.

Pasé la escuela casi a rastras, siempre peleando por calificaciones, peleando con la autoridad; la mitad de mis días escolares los transcurrí en la dirección, lo cual me encantaba porque me daba tiempo para pensar que en realidad no necesitaba saber álgebra para ser inteligente.

Siempre fui problemática, pero nunca pensé que el conjunto de todos los detalles me iban a empujar al límite y me iban a llevar por rumbos que nunca imaginé.

En la universidad no fue muy diferente: seguía reprobando y retando a la autoridad; la diferencia era que a los maestros les valía madres quién eras y si reprobabas o no. Creo que no puedo escoger un momento específico en el cual mis problemas empezaron y, de hecho, creo que tampoco debería llamarlos "problemas".

Fueron muchas cosas, como aceptar finalmente que era *gay* y todo el paquete que viene con ello. Pequeñas cosas que antes no consideraba peligrosas, empezaron a presentarse con más frecuencia e intensidad. Empecé a vomitar tres o cuatro y hasta más veces al día. Mis episodios de ansiedad (por llamarlos de alguna manera) eran más intensos. Empecé a descuidarme físicamente: algunos días olvidaba por completo que era humana y que tenía que comer. Otras veces, era tal mi ansiedad que comía por mí y por otras cinco personas. Nunca dejé de ir al psiquiatra, me monitoreaban vía medicamentos, los cuales me hacían creer que estaba en una burbuja y no podía pensar bien. Me gustaba, porque sentía que mi mente estaba anestesiada la mayor parte del tiempo y, cuando no era así, me asustaba. Empecé a aceptar que mi vida era e iba a ser así.

Cuando llegas al punto de aceptar que necesitas ayuda es cuando sabes que estás de la chingada.

Cité a mi papá en un Starbucks para decirle que no podía seguir en la universidad, que sentía que cada vez estaba peor, que no podía controlar mis vómitos y que creía que era momento de buscar algún tipo de ayuda. En ese momento fue cuando empecé a ver a Michelle, una terapeuta especializada en desórdenes alimentarios. No estaba segura de tener uno, quizá solo algo parecido.

Después de un tiempo llegué a pensar que Michelle era la única persona en el mundo que podía "curarme". Esperaba toda la semana para poder verla. Sin embargo, un pequeño detalle que debo confesar es que... todo lo que le decía era mentira.

COMO DE COSTUMBRE, NO PENSÉ EN LAS CONSECUENCIAS

Yo conozco este lugar, pensé. Aquí vengo a terapia con Mich, dos veces a la semana...

¿Por qué estoy aquí?

Mich estaba a mi lado y yo me decía: "me siento segura, nada va a pasarme, Mich va a defenderme, aquí está conmigo".

Pero...

¿Quiénes son todas estas personas y por qué están viéndome?

Me sentía mareada, cansada, tenía la boca seca, como si estuviera cruda. Veía todo borroso, me costaba trabajo enfocarme.

"Ana, sírvete lo que quieras de cenar", me dijo Mich.

¿Cenar? Yo no quiero cenar, más bien tenía MUCHAS preguntas, pero no podía decir nada. Creo que me quedé sin voz; no era capaz de emitir algún sonido. ¿Qué me estaba pasando?

Me serví un vaso de leche pero no tomé de él. Me senté a un lado de Mich.

"¿Mich? ¿Qué hago aquí?", al fin pude hablar.

"Ana... mejor mañana hablamos, ¿ok?"

¿Mañana? Yo necesito una respuesta ahorita, no mañana. O eso pensé. Pero ya no pude decir nada más. Me quedé sin voz una vez más.

Pensé que estaba soñando, pero no. Estaba segura de que esa no era mi cama, no se sentía igual. Traté de enfocar la vista para ver dónde estaba. No... ese no era el techo de mi cuarto. Las voces que habían despertado minutos atrás empezaban a molestarme, casi podría jurar que eran gritos. Identifiqué que eran puras mujeres, pero no reconocía ninguna de esas voces. Me tapé la cara con el edredón, no quería que vieran que estaba despierta.

"Pásame esto..."

"No sabes lo que soñé..."

"¿Cómo dormiste tú?"

Así platicaban entre ellas. De verdad hablaban muy fuerte o tal vez estaba cruda y las voces penetraban mis oídos con el triple de potencia.

Logré asomarme y vi que había muchas camas como la mía. Era un cuarto muy grande y sí, había por lo menos ocho chavas rondando por todo el lugar.

"Chicas, apúrense, ya tienen que bajar", dijo al fin una voz que reconocí. Era Michelle, mi terapeuta. Llevaba al menos un año yendo con ella. La conozco y me conoce bien. Creo que hasta llegué a tener un *crush* con ella, no sé si era porque me había ayudado mucho o porque simplemente era muy bonita.

Salieron todas del cuarto; me di cuenta porque todo quedó en silencio... ¿Y yo? Bueno, yo seguía debajo del edredón.

Alguien se sentó en el borde de mi cama. Era Mich. Y ahora que lo pienso no sé por qué digo "mi cama" si *esa* no era MI cama, era UNA cama.

Mich jaló el edredón para sacarme de mi cuevita. No estaba segura de querer salir, estaba muy asustada y confundida.

Estaba llena de preguntas y no podía pensar con claridad.

"Mich, ¿por qué estoy aquí?"

"Ana, ya sabes por qué..."

Tal vez sí lo sabía, pero le contesté con un:

"No sé..."

"Sí sabes". Y claro que sabía. Empecé a recordar lo que había pasado el día anterior. Tomé pastillas de más, otra vez. Estaba en Cuernavaca y les robé pastillas a mis abuelos, pero esta vez fue demasiado obvio. Lo hice dos veces.

"¿Fue por las pastillas?"

"Sí, Ana. Dime, ¿cuánto tiempo llevas haciendo esto y por qué no me lo habías contado?"

Como de costumbre, no pensé en las consecuencias. Simplemente tomé el frasco y lo metí a mi bolsa (más bien morral). Nos despedimos de mis abuelitos y nos subimos a la camioneta. Carretera Cuerna-vaca-México: por ahí de Tres Marías, metí sigilosamente la mano al morral y logré sacar un par de pastillas. Con un poco de baba acumulada, me las tragué. Nadie se dio cuenta. Mi hermana, que viajaba atrás conmigo, venía clavada en su *iPod*. No conforme, unos minutos después volví a meter la mano y me tragué dos pastillas más. Así, todo el trayecto de la carretera tomé *Clo-nazepames* como si fueran *Tic-Tacs*.

Ya entrando a la ciudad me sentía totalmente dopada y, aun así, seguí tragando pastillas. No sé cuántas pastillas me tomé, es probable que más de la mitad del frasco. A partir de ese momento no me acuerdo de nada. Solo flashazos.

Llegando a casa, yo ya estaba totalmente perdida.

"Ayuda a bajar las maletas", me dijo mi papá.

"No puedo, tengo que enderezar los cuadros que están chuecos", le contesté.

(Eso fue lo único que mi mente adormecida logró decir al ver un cuadro que estaba chueco).

—Blackout—

Después recuerdo estar sentada en el consultorio de Mich.

"Internarla es la mejor opción", dijo Mich.

"¿Te seguimos?", dijo mi papá.

—Blackout—

Estábamos en una oficina firmando un... ¿contrato?

—Blackout—

Corte a: amanecer en este lugar. Clínica de Rehabilitación para Mujeres. CRM.

Todo esto pasó por mi cabeza en menos de treinta segundos.

"¿Cúanto tiempo voy a estar aquí?"

"No lo sé. Vístete rápido, tienes que bajar a las oraciones."

EL PUDOR EN CRM NO EXISTE

Estábamos todas en círculo. Eran como las seis de la mañana: no estaba segura pero aún estaba oscuro, era muy temprano. ¿Oraciones? ¿Por qué? Yo no quería orar, quería saber por qué había terminado en ese lugar.

"Puedes leer conmigo", me dijo una de las compañeras acercándose a mí con su librito de oraciones. Cada quien leía un párrafo. Yo solo pensaba: "por favor, que no me toque a mí leer...".

¿Quiénes son todas ellas? ¿Qué hago aquí? ¿Cuánto tiempo tengo que quedarme? Pensé: probablemente vengan mis papás por mí en la tarde; solo tengo que pedir perdón y prometer que nunca voy a volver a hacerlo. Quería convencerme a mí misma. ¿Aquello era un castigo? *Ok, ok,* ya aprendí mi lección. ¿Ya puedo salir?

"Ana, te toca..."

¿Qué me toca? Ah, leer.

"No gracias, paso..."

"No puedes "pasar", Ana..."

¿Por qué seguían diciendo mi nombre con ese tono? Como si fuera retrasada o me tuvieran lástima.

"No, gracias..."

"Está bien. Ale, te toca..."

Sí, eran las 6:30 am. Bajamos todas en filita a un salón muy grande y alfombrado. Una de ellas agarró una grabadora y puso un disco. *Ain't No Mountain High Enough.* Me encanta esa canción, me recuerda cuando hacía videos con mi hermana, las dos cantando enfrente de la computadora.

"Jackie, bájale tantito a la música", dijo una chava ya no tan chava, probablemente tenía unos... ¿35 años? Me di cuenta de que ella no era una de las compañeras, era más bien como una maestra o algo por el estilo. Se puso enfrente del salón, todas la siguieron y empezaron a hacer un tipo de... ¿calentamiento?

"¿Estoy en una academia de baile o por qué todas están haciendo ejercicio a esta hora?", me pregunté.

Aeróbics, parecía que estaban haciendo aeróbics o algo por el estilo. Yo no entendía nada en ese momento, nadie me explicó. Me senté en el único sillón que había...

"Ana, párate y ponte a calentar", me dijo la chava de 35 años. Todas voltearon a verme y movieron la cabeza como si estuvieran sincronizadas.

Sentí tal presión que me levanté y me puse a mover el cuerpo, como todas. Después de un rato, la chava de 35 años dijo:

"Ahora, ya saben, cada quien a sus ejercicios."

Automáticamente, todas se movieron y empezaron a hacer diferentes cosas. Una con las pesas, otra en la caminadora, otra en la escaladora, otra hacía yoga y algunas se hacían medio pendejas mientras platicaban. Yo me volví a sentar en el sillón.

Oh no, ahí viene la chava de 35 años.

"Ana, sé que estás confundida. Solo por hoy te doy permiso de quedarte ahí."

"¿Quién es esta mujer y por qué me está dando chance?", pensé.

"Me llamo Diana y soy una de las técnicas."

¿Técnicas? ¿De qué está hablando? ¿Somos computadoras o por qué tenemos técnicas?

"¡A bañarse!", gritó una mujer que supuse también era "técnica". Todas dejaron lo que estaban haciendo y subieron las escaleras empujándose y riéndose. Yo las seguí, por supuesto, sin empujar ni reírme. No conocía a nadie y me moría de la pena. Nadie me había dirigido la palabra. Solo mis amigas las "técnicas", Mich y la compañerita de las oraciones que supe que se llamaba Ale.

"Un baño no me vendría nada mal", pensé. Al menos iba a tener tiempo para estar sola y pensar un poco.

Para mi sorpresa, bañarse no era un privilegio en CRM. Había dos regaderas grandes. Teníamos turnos y siete maravillosos minutos para bañarnos. De eso me di cuenta cuando me cortaron el agua. A mí nadie me avisó y me quedé enjabonada y con champú en todo el pelo y así tuve que quedarme. Todo el día estuve pegajosa. Nunca me he tardado en la regadera, pero, ¿siete minutos? ¿Siete? Todas nos bañábamos con jabón neutro, no podíamos oler a frutitas o esas cosas a las que olemos las mujeres después de bañarnos.

El pudor en CRM tampoco existía: todas teníamos que encuerarnos al mismo tiempo. Siete minutos, la que sigue. Siete minutos, la que sigue. Siete minutos...

No conocía a nadie y ya todas nos habíamos visto desnudas. Por supuesto que había dos técnicas supervisando y coordinando el proceso.

No traía más ropa, así que tuve que ponerme lo mismo del día anterior, con lo que había dormido.

"No tengo ropa."

"Ponte lo mismo. Al rato traen tus cosas, Ana..."

¿Mis cosas? ¿Por qué me van a traer cosas? ¿Qué no me voy a ir en la tarde? Van a venir por mí... ¿no?

Ahí me cayó el veinte de que no era cosa de un día. Iba a quedarme más tiempo.

"Mich, ¿cuánto tiempo voy a estar aquí?"

"El programa es de un mes, Ana."

"¿Un mes?"

"Sí, Ana, un mes."

¡Odio que tengan que repetir mi nombre tantas veces, en cada una de las frases y con ese tono! ¡Odio ese tonito!

"Vas a tener que acostumbrarte, hay muchas reglas aquí."

Sí, ya me había dado cuenta de eso. No llevaba ni tres horas ahí y ya había orado, hecho ejercicio y me había medio bañado.

"¿Puedes decirles a mis papás que traigan a *Penny* con mis cosas?"

"Sí, Ana, yo les digo."

¿Quién va a traer mi ropa? ¿Mis papás? ¿Voy a poder verlos y decirles que estoy muy arrepentida y que no tengo que quedarme un mes aquí? No quiero estar aquí un mes, no quiero estar aquí ni un solo día.

EL RITUAL DEL DESAYUNO

Qué cosa. Una mesa larga con lo que parecía un *buffet*. No tenía hambre; más bien, ganas de vomitar. Nos sentaban en grupos. Estaban estas cinco mesas grandes, redondas. Nos sentábamos cuatro en cada mesa. Yo solo seguía a mis compañeras. En ese momento no entendía nada y todo era nuevo para mí.

Había un chef que llevaba charolas de esas plateadas y las ponía en la mesa del

buffet. Cinco, seis, siete charolas. ¿Qué pedo? ¿Nos van a servir? Qué sofisticado.

"Mesa UNO, pasen a servirse."

Todas las de la mesa UNO se levantaron, agarraron uno de los platos que estaban al principio de la mesa del buffet y se formaron.

¿Qué mesa seremos? No me atreví a preguntar, obvio; simplemente observaba. Al parecer, este también iba a ser un ritual interesante. Todo parecía tener un ritual en este lugar.

Cuatro técnicas detrás de la mesa del *buffet*, monitoreando cada paso, cada movimiento. Las técnicas no se movían de sus posiciones; tal vez tenían cruces marcadas con *masking tape* en el piso. No sé. Cada una abarcaba dos de las charolas metálicas.

Tardé unos minutos en entender cómo funcionaba la cosa.

Y sí, en efecto, había pasos a seguir. Ya se me hacía raro que nos dejaran comer y servirnos lo que quisiéramos.

Para servirte tenías que agarrar un recipiente —de esos que se usan para hacer pasteles y saber cuántas tazas o cuántos gramos necesitas usar— con porciones marcadas. Todas se servían lenta y cuidadosamente para no pasarse de los gramos que, supongo, les tocaban. Cuando la técnica decía "muy bien" o movía la cabeza con aprobación, pasaban a las siguientes charolas, con la siguiente técnica.

"¿Qué pedo con este lugar?", me pregunté. "De verdad estoy empezando a asustarme. Nadie habla. Nadie. El silencio es demasiado *creepy*."

"¿Qué mesa somos?", me atreví a preguntarle a la de junto.

"La DOS", me contestó sonriente.

Hasta su sonrisa era *creepy*.

Cuando la última llegaba al final del *buffet* y era aprobada, se podía sentar en su mesa.

"Mesa DOS, pasen a servirse..."

Mis compañeras de mesa se levantaron y yo las seguí, como borreguito. Me sentía muy estúpida. ¿Qué pasaría si me rebelara? Levantarme en armas y tal vez mis compañeras conmigo. Sí. Aunque pensaba que estaban programadas. Tal vez sí eran computadoras después de todo. ¿Iban a convertirme en computadora?

"Ana, sírvete lo que quieras. Al rato tienes tu sesión con Vero, la nutrióloga, y ella te va a explicar todo."

"Mesa TRES, a servirse..."

Noté que ninguna comía. Todas sentadas con el plato enfrente. *Creepy*.

Una vez que todas las mesas pasaron, una de las técnicas dio la orden y todas empezaron a comer. Yo también.

Las técnicas que estaban detrás del *buffet* se sirvieron también y cada una se sentó en una mesa diferente con nosotras.

Nadie hablaba. Todas estábamos en silencio. De vez en cuando, una de las técnicas decía algo. Puedo jurar que todas tenían la misma voz, decían las mismas cosas, todas actuaban igual. Son robots, estoy segura.

"No puedes combinar tu comida, Ana."

"¿Cómo?"

"Sí, tienes que acabarte primero algo y después puedes seguir con lo demás."

"¿Por qué?"

"Porque es una regla."

Ah, las reglas. Había muchas reglas, aparentemente.

"Y te tienes que acabar todo, no puedes dejar nada."

Como cuando eras chiquita y tu mamá no te dejaba levantarte de la mesa hasta que acabaras. Así.

"Ah, y puedes calentar tu comida en el microondas si se te enfría, pero solo puedes calentarla una vez al día; si la calientas ahorita, ya no puedes ni en la comida ni en la cena..."

Sí, mi comida estaba fría, ¿cómo no iba a estar fría si todas se tardaron años en servirse? No la calenté. Solo comí.

"¿Sabes? Yo también soy nueva, llegué antier", me dijo una de las compañeras. "Vas a acostumbrarte rápido."

"Todo está raro, ¿no?"

"Jiji, sí, pero te acostumbras."

Yo no quería acostumbrarme a nada. Quería fumar.

"¿Se puede fumar?"

"Sí, nos dan un tiempo libre, pero hasta el rato."

"¿Cuánto tiempo nos dan?"

"Como diez minutos, pero hasta las once, creo."

"¿Qué hora es?"

"No sé."

¿Equinoterapia? Guau, suena... interesante.

"Ana, tú no vas a ir a equinoterapia hoy. Vas a quedarte porque tienes terapia con Verónica."

La nutrióloga, sí, ya me habían dicho pero, ¿justo cuando todas van a salir? ¿Por qué no regresando? Yo quiero ir a equinoterapia. ¿Adónde nos llevan? No quiero ir con la nutrióloga.

"Hola Ana, soy Verónica, la nutrióloga."

"Ajá..."

"¿Cómo te sientes?"

¿Cómo me siento? De la chingada. No sé qué hago aquí, me caga todo, me cagan todas y quiero irme a mi casa.

"Bien."

"¿Segura?"

"Mhm..."

"Bueno... tengo entendido que has tenido problemas alimenticios..."

"No, bueno, Mich me dijo que era bulimia emocional."

"Mhm. Bien. Quítate la ropa, solo déjate los chones."

Chones. ¿Quién dice "chones"?

Me hizo preguntas raras, me preguntó qué me gustaba comer y qué no; hizo como una tabla de alimentos, de gramos, de porciones, cosas rarísimas.

Más o menos me explicó, pero yo no entendí nada. Le di el avión en casi todo. El chiste era que tenía que basarme en esa tablita para servirme mis comidas. Tenía que aprendérmela. Era como un diario; me obligaba a apuntar qué comí después de cada comida: _____ gramos de carbohidratos, _____ gramos de proteína, _____ gramos de lo que sea.

"Qué hueva", pensé. Apuntar todo después de cada comida. Qué hueva me va a dar comer.

Empecé a llamarles "robots" a las técnicas, sonaba mejor. Eso era lo que parecían *anyway*. Aún no entiendo por qué estaban tan sonrientes la mayoría del tiempo y el tono que usaban para hablar. "Anita, cuida tu lenguaje", era una de sus frases favoritas. *Güey* era considerada una grosería. Otra "regla": no decir groserías.

Eso sí iba a ser un problema.

"Yo te voy a ayudar con eso de las groserías; yo estaba igual cuando recién llegué", me dijo una de mis compañeras. "Me llamo Jackie."

Yo ya la había notado: era la más bonita de todas. Después me enteré de que era modelo. Tenía un porte especial, era muy alta y delgada. Se vestía todos los días como si fuera a salir de antro y caminaba como si estuviera en una pasarela todo el tiempo. En aquel momento pensé que Jackie podía ser mi mejor amiga en ese lugar. Luego le salió lo mamona.

"Necesito hacer pipí."

"Todavía no es hora, Ana."

También había horarios para hacer pipí, otro ritual, pero este sí era del tipo primitivo. El peor de todos, creo.

No me gusta aguantarme. Una vez, cuando era chiquita, estaba saltando la cuerda y me aguanté tanto la pipí que me dio una infección. Desde entonces no me aguanto ni un segundo: si tengo que hacer pipí, hago, pero en CRM tuve que aguantar hasta que fuera hora de hacer pipí y popó.

¿Cómo programas a tu cuerpo para hacer del baño a las horas designadas? No sé cómo, pero aprendí.

Había tres excusados. Cada uno estaba en un cubículo separado de los otros, pero las puertas de dichos cubículos eran transparentes. Nunca entendí por qué pusieron puertas si son transparentes. Creo que tendría más sentido que nos pusieran cubetas a todas y nos contaran uuuna... dooos... ¡tres! *GO!*

Como solo había tres excusados, pasaban tres, a las que más les urgiera. Una técnica, perdón, robot, se paraba estratégicamente para tener visibilidad de los tres cubículos. Hacías pipí y, ¡oh sorpresa! Si querías hacer popó, tenías que avisarle a la técnica que ibas a hacer "del dos" para que pusiera atención extra en ti. Decían "no puedes pujar, te vas a fisurar". Nunca me hubiera pasado por la cabeza que me podía fisurar por pujar. Esa fue otra cosa que aprendí. Tal vez era puro morbo que las robots tuvieran que vernos, no sé.

No quería que me vieran hacer pipí y mucho menos popó, pero de todas formas ya me habían visto encuerada, así que supuse que ir al baño era lo de menos.

"Ya", dijo una de mis compañeras y la robot se asomó al excusado. Sí, se asomó a checar la popó de mi compañera. Una vez aprobada, dijo: "muy bien" y mi compañera pudo jalarle al excusado. De verdad, hasta la fecha no entiendo eso. El ritual de la comida tiene sentido hasta cierto punto, pero eso no podía ser real.

La cosa es que tarde o temprano iba a tener que hacer popó y una de las robots iba a decirme: "muy bien, Anita".

EL DIARIO DE LAS QUEJAS

Aunque estábamos vigiladas hasta en la regadera, por obvias razones estaba estrictamente prohibido tener rastrillos. El problema era que todas éramos muy peludas. Después de dos semanas llegué a pensar que en cualquier momento me convertiría en hombre o, al menos, en una europea con la axila peluda.

Lo bueno es que no era la única.

Cualquier producto con alcohol estaba prohibido; no podíamos usar perfumes, solo en día de visitas y con supervisión. Todos los perfumes estaban guardados en un clóset bajo llave. Yo usaba *Emporio Remix* y hasta la fecha no puedo ni olerlo; ya no me gusta, lo odio.

Lo que sí nos permitían usar era *Listerine* SIN alcohol. Cuando podía y nadie estaba viendo, le daba tragos grandes. Necesitaba algo, lo que fuera para escapar de la realidad. Unos tragos de *Listerine* no iban a hacer que la realidad desapareciera; de hecho, solo me daban ganas de vomitar y me mareaba.

Luego estaban las "colaciones". Cuando Verónica me mencionó esto, no entendí nada pero, como todo, lo aprendí a la mera hora. A media mañana, por ahí de las 11:00 am, nos llevaban a todas al comedor y en cada uno de nuestros lugares había una fruta, una barrita, una galleta. Creo que podías escoger, aunque no había muchas opciones. La opción que no existía era la opción de NO comerlas. De hecho, entre más rápido acabaras, más rápido podías salir a tiempo libre. Creo que en total eran como quince minutos los que teníamos a nuestra disposición. Por supuesto que las que fumábamos nos atragantábamos la colación para poder salir lo antes posible. La primera vez, me tragué mi colación en dos minutos y bajé en chinga. Me urgía un cigarro.

Obvio, en la entrada del jardín, Verónica le entregaba su cajetilla a cada una.

"Yo no tengo cajetilla."

"Pídele un cigarro a una de tus compañeras."

Vi a Jackie prendiendo un *Benson* mentolado. Obvio tenía que fumar algo por el estilo: ella era muy *classy*.

"¿Me regalas uno?"

"Claro."

Jackie era mi mejor amiga en ese momento; digo, tomando en cuenta que nadie me había dirigido la palabra más que ella.

Finalmente, llegó una maleta con mi ropa y con un *flip* de cigarros, pero lo que más me importaba era que *Penny* venía adentro. Por fin no iba a sentirme sola: *Penny* estaba conmigo. Al fin podía platicar con ella y abrazarla.

Creo que he olvidado mencionar que *Penny* es una cerdita de peluche. Mi compañera. Lleva muchos años conmigo, duerme conmigo, sale conmigo adonde quiera que vaya y el simple hecho de saber que está ahí, me tranquiliza.

Mich me dejó leer un libro. Había leído varios libros de superación personal a lo largo de mi vida, pero juro que no por gusto. Esos libros contienen páginas y páginas de todas las cosas que ya sabemos. Creo que son ridículos, aunque debo aceptar que tienen sus aciertos. Este se llamaba *La magia del perdón* —jaja, transforma la fuerza del resentimiento en la magia y libertad del perdón. Empecé a leerlo y a las diez páginas lo dejé. Lo que sí es que me hizo pensar: ¿guardo resentimientos? ¿Hacia quiénes? ¿A quién tengo que perdonar? Creo que en el fondo sabía que a la única a la que le tenía resentimiento y a la única a la que tenía que perdonar era a mí misma.

Todo el día teníamos terapia y sesiones de distintos tipos, aunque todas empezaban y acababan igual, con una estúpida ronda de sentimientos.

"¿Cómo estás, Ana?"

"Mmm... bien."

"¿Qué es bien?"

"Pues... bien bien."

Así todo el tiempo, todo el día. Hablaban las que querían compartir algo y las otras escuchábamos. Las robots y las terapeutas hacían intervenciones completamente obvias. Preguntas como, "¿y eso cómo te hace sentir?".

Creo que la mayoría del tiempo estaba activado su botón de *repeat*.

Sí, ya tenían ciertas frases programadas. Lo que más me molestaba era que tuvieran programado mi nombre, el cual decían todas y cada una de las veces que se dirigían a mí.

"Estoy harta, triste y enojada", les decía yo.

"Mhm... ¿y eso cómo te hace sentir?", respondían ellas.

"Ehm... ¿harta, triste y enojada?"

No eran de mucha ayuda. Creo que cualquiera podría hacer ese trabajo.

Y sí, estaba enojada. Empezaba a hartarme de ese lugar, de todo lo que implicaba estar ahí. Mich me entregó un diario en el que podía escribir todo lo que quisiera y ella lo leía al final de cada día. *Mi diario de las quejas*, acabó llamándose. Menté madres hasta morir en ese diario. Eso sí fue terapéutico, no las inútiles terapias.

En realidad todas mis compañeras fueron muy amables. Siento que era como algún tipo de hermandad. Tal vez porque todas estábamos "enfermas" o, más bien, porque todas estábamos en el mismo lugar y no nos quedaba de otra más que hacer equipo.

Me costó mucho adaptarme. Era un lugar con demasiadas reglas y estructura. Constantemente lloraba en secreto, pero solo por unos segundos, pues siempre había una robot observando. Todo fue tan repentino que no pude despedirme ni avisarle a nadie.

De todo, lo que más me dolió fue no poder explicarle nada a mi hermana.

Creo que con las únicas que podíamos desquitarnos era con las robots. Todas les reclamaban a ellas y les gritoneábamos. Creo que ya estaban acostumbradas; tal vez ese era su trabajo: ser *punching bags*.

Al principio, todas nos resistíamos; lo vi conmigo, lo vi con las nuevas que entraron después que yo. Después de unos días, nos resignábamos, pero no por completo: siempre había quejas, por lo menos de mi parte. Jamás pude modificar mi lenguaje, mis groserías y qué bueno: creo que hasta disfrutaba hacer enojar a las robots.

En una de las terapias, surgió una revelación de Jackie hacia mí. No la vi venir. Ya la había sentido medio mamona conmigo, pero no sabía por qué.

En plena sesión dijo que estaba celosa porque a mí me daban trato especial, que me permitían no acabarme las colaciones, que no me castigaban como a las otras cuando decía groserías. Ese día, en hora libre, intenté prender mi cigarro adentro y una de las robots tuvo que gritarme y arrebatarme el cigarro y el encendedor. Toda una escenita que, debo aceptar, disfruté bastante. Jackie dijo que no le gustó lo que pasó porque le recordó la violencia que vivía en su familia.

Finalmente, le pedí perdón y le dije que no fue mi intención hacerla sentir mal. Y de verdad no lo fue.

Las "escenitas" en CRM eran constantes y no solo por mi parte. Como todo tenía un ritual y reglas a seguir, constantemente cometíamos errores que llevaban a discusiones y casi siempre a gritonizas con las robots.

La hora de la comida (y la cena) eran iguales al desayuno: medir tu comida, esperar a que las demás se sirvieran para empezar a comer, solo podías agarrar la sal una vez, no podías combinar tus alimentos, tenías que dejar el plato limpio. Generalmente para cuando todas empezábamos a comer, nuestra comida ya estaba tibia y a veces fría. El microondas podías usarlo solo una vez al día, pero no era tan sencillo. Tenías que calcular exactamente el tiempo porque, si por alguna razón tu comida salpicaba el microondas, el castigo era no poder calentar tu comida en un día. Claro que mi comida siempre explotaba y terminaba comiendo todo frío. Teníamos la teoría de que el microondas estaba embrujado: a veces se prendía solo y creíamos que hacía la explotar la comida solo para que nos castigaran.

Una de mis compañeras nunca quería comer. Ella sí tenía un problema alimentario grande ("alimentario", horrible palabra). Se quedaba ahí sentada enfrente de su plato y por más que las robots le dijeran que comiera, no lo hacía. Pobrecita, le acababan metiendo la comida en la boca y ella se resistía cada vez. Era demasiado flaca y de verdad estaba muy enferma. Un día, simplemente desapareció y cuando preguntamos por ella solo nos dijeron que se la habían llevado a otro lugar.

Creo que uno de mis mecanismos de defensa fue comportarme como niña chiquita. Y sí, era verdad: de alguna manera, yo tenía ciertas ventajas sobre las demás; quizá por eso me dejaban hacer más cosas. Hacía berrinches si no me dejaban hacer mi voluntad y, si no funcionaba, entonces mi berrinche era doble.

Me enojaba si no me prestaban colores para dibujar. Me refugiaba mucho en mis dibujos. Casi siempre dibujaba conejos blancos. Siempre he tenido una fijación con ellos, pero creo que en CRM se convirtió en obsesión. Los dibujaba todo el tiempo: en los pizarrones, en mis diarios, en hojas, hasta en mi piel. Cada vez que tenía cualquier instrumento para dibujar, hacía un conejo blanco.

Después de muchos días de estar ahí, me di cuenta, o más bien me cayó el veinte, de que estaba en un lugar de recuperación y que resistirme iba a traer más problemas, así que empecé a ceder en muchas cosas. Empecé a acostumbrarme. Empecé a convivir más con mis compañeras y muchas empezaron a encariñarse conmigo. Siempre las hacía reír y me pedían ayuda con cosas artísticas. Creo que esa era mi etiqueta : "Ana la artística". Una vez incluso ayudé a Ale a escribirle una carta a su novio...

CAMILA, LA LAGARTIJA

Los sábados nos dejaban mandar correos electrónicos. Había tres computadoras y solo podíamos usarlas para eso. Por lo general tenía cuatro o cinco correos esperándome en el buzón, casi siempre de mi hermana, de mi mamá y mi papá, con fotos de *Bullet*, mi perro, y mi pez, *Stephen*. A veces tenía uno que otro de alguna amiga, creo que poco a poco se fue corriendo la voz de dónde estaba y lo que había pasado. Mi hermana me mandaba mensajes con sus historias, escritos y artículos. Ella es muy buena para escribir, siempre se lo he dicho: tiene un "algo" mágico, transmite cosas maravillosas en sus cuentos y a mí me encantaba (aún me encanta) leerla. Carla es la persona más importante en mi vida.

Los domingos eran dias de visitas. Iba tu familia y a veces tus amigos, tenías un límite de personas y el *show* solo duraba una hora y media. Era muy incómodo: todas las visitas sucedían al mismo tiempo; cada familia o grupo escogía un *spot* del salón y nos sentábamos a "hablar" incómodamente, con robots y terapeutas rondando cada grupo. Las veces que me fueron a visitar casi no hablamos de mí y mucho menos de mi estancia en ese lugar; intentábamos hablar de todo, menos de eso.

Un domingo de aquellos fueron a visitarme algunas de mis amigas. Fue raro y ni siquiera puedo acordarme bien, pero sentí muy bonito al saber que ahí estaban. Después de las visitas, ya que todos se habían ido, pasábamos a una terapia grupal en la que todas

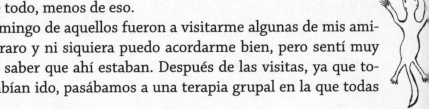

decíamos lo que sentíamos (pa' no variar). Muchas lloraban, otras sacaban cosas muy fuertes, secretos y heridas. Muchas con *daddy issues*, *mommy issues*, incluso violaciones, cosas muy graves que siempre me dejaban pensando "bueno, tal vez tu caso no es tan grave, después de todo. Una vez que salgas de aquí, todo va a volver a la normalidad".

De alguna manera u otra siempre me he refugiado en la fantasía, en mis dibujos, libros, películas y a veces hasta historias que creo en mi cabeza. Llevé ese refugio a CRM, obviamente. El jardín de la parte de atrás era muy pequeño y ahí salíamos a fumar. Después de unos días, noté que en uno de los árboles estaba esta pequeña lagartija. Cuando me acerqué a tocarla, sorpresivamente no se movió; generalmente esos animalitos corren en chinga, pero ella no. Ni siquiera sabía si era "ella" o "él", pero me dejó agarrarla. Viéndola en la palma de mi mano, pensé: "ella es *Camila*, se llama *Camila* y es mi amiga".

"¡Ana! ¿Qué haces? ¡Deja a esa lagartija ahora!"

No la dejé; creo que hasta le hice una cuevita con mis manos para protegerla. Estaba segura en ese momento de que una de las robots la iba a matar, y yo... yo tenía que defenderla.

Mis compañeras se acercaron a verla:

"Ay, qué bonita."

"Guácatelas, deja eso..."

"Se llama *Camila*", les dije, pero todas soltaron una carcajada. La robot ya había llegado adonde estábamos...

"Ya, Ana, déjate de tonterías. Deja a esa lagartija en las plantas."

"No, no es una lagartija. Se llama *Camila*, es mi amiga y te odia", fue mi respuesta.

"Ana, ¿voy a tener que hablar con Michelle?"

En ese momento dejé a *Camila* en el mismo árbol donde la encontré y la vi correr.

"¿Ves? La asustaste", le dije a la robot. "Se asusta con las personas malas."

Ella solo me agarró del brazo y me dijo:

"Ya métete."

Los siguientes dos días no podía esperar a tener tiempo libre para poder ver a *Camila*. Me comía mis colaciones más rápido de lo normal y salía a verla.

Y ahí estaba. Llegué a creer que de verdad sabía mis horarios y que me esperaba. La sostenía en la palma de mi mano y la veía acompañarme mientras yo fumaba con la otra mano. Mis compañeras ya no decían nada y las robots tampoco. Ahora que lo pienso, de seguro me veía como una loquita, pero no me importaba.

"¡Ay no! ¡Me va a picar! Pinche abeja, quítate", gritó una de mis compañeras.

Rápidamente corrí a ver la abeja, con *Camila* en mano y toda la cosa.

"*Güey*, no te va a picar; se llama *Bee* y es buena. Es anoréxica."

"Jajaja *Bee*, la abeja anoréxica. *Ok*, Ana."

Bee nunca regresó, solo estuvo ese día y no picó a nadie.

Al tercer día, salí a la misma hora y *Camila* no estaba en su árbol. No dejé de buscarla. Ese día no salió a saludarme. La pasé preocupada, realmente preocupada; solo hablaba de eso en las terapias y hasta le escribí tres cartas con dibujos a mi hermana donde externaba mi preocupación por *Camila*, la lagartija.

Los demás días llovió y, por supuesto, nuestro tiempo libre valió madres y tampoco vi a *Camila*.

Cuando salió el sol, volvimos a salir, como siempre, a nuestro cigarro de quince minutos, y *Camila* tampoco estaba ahí.

"*Güey*, ya se murió la pinche *Camila*", me dijo una de mis compañeras.

Me enojé tanto que me fui a una esquina del jardín y no hablé con nadie.

En la primera oportunidad le conté a Mich que estaba muy preocupada porque *Camila* había desaparecido. Ella me dijo: "Ana, *Camila* es un animalito que sabe sobrevivir por sí solo. Estoy segura de que está bien, solo se movió a un lugar más seguro".

Me impresionaron sus palabras... Al fin pude dejar atrás el tema de *Camila*, quien, por cierto, nunca regresó... pero es que... se fue a otro lugar, eso fue.

EQUINOTERAPIA

Querida Ana,

¿Qué es lo que ves en estos animalitos que sientes que también son parte de ti? Estos sentimientos hermosos que tienes ante ellos, empieza a aplicarlos hacia ti. Creo que podrías hacer grandes cosas.

Con cariño,
Michelle

Los animales me parecen fascinantes, todos ellos... aunque tal vez uno que otro no... como los alacranes: esos son malos y pican. Nunca me ha picado ninguno, pero mi mamá dice que cuando era bebé y vivíamos en Cancún, había uno en mi cuna mientras dormía. Creo que él estaba dormido también porque no me picó.

La equinoterapia era mi parte favorita en CRM: una vez a la semana íbamos a terapia con caballos a un rancho no muy lejos. Nos subían a todas en dos *minivans* y nos transportaban a este lugar en el que nos recibía una señora que también era terapeuta y se especializaba en tratamientos con caballos. Nunca estuve muy segura de cómo funcionaba, pero la disfrutaba mucho. Como todas las sesiones, empezábamos con una ronda de sentimientos y sensaciones, lo cual era de hueva, pues yo solo quería ir con los caballos. Después teníamos que cruzar los establos, donde había muchísimos caballos y "perros amigos" también. Yo siempre me alejaba de las demás y una de las robots tenía que ir por mí. Finalmente, llegábamos a una explanada enorme, cerrada con corrales de madera, nos formaban a todas y nos explicaban qué hacer en cada ejercicio. Cuando veía a lo lejos al caballo con el que íbamos a trabajar, sentía una emoción enorme. Me encantan los caballos, me encantan todos los animales.

Normalmente empezábamos con un ejercicio en el que tenías que acercarte individualmente al caballo, hablar con él y ganar su confianza. Después, tenías que acariciarlo e ir bajando lentamente para tratar de levantar una de sus patas. La mayoría nunca pudo, solo algunas de nosotras. Y es que no es tan fácil como parece: si el caballo no quiere, no levanta la pata y punto. Según yo, conecté con todos los caballos, por eso me dejaban alzar su pata con tanta facilidad, pero tal vez fue suerte.

Les pusimos nombre a los caballos. Dos eran yeguas: *Francesca de la O y Jackie*, lo cual no le causó tanta gracia a nuestra compañera Jackie, pero de verdad se parecía a ella, muy guapa. De los demás nombres no me acuerdo; creo que a uno le pusimos *Calígula*.

Después teníamos que trabajar en equipo. Yo odiaba eso; siempre he odiado trabajar en equipo. Siento que siempre me toca con gente torpe y, sí, cuando el ejercicio era entre varias, siempre nos salía todo mal. Teníamos que hacer saltar al caballo, que caminara más lento, más rápido o que corriera, y les dábamos zanahorias como premio. Era padrísimo. Una vez, uno de los caballos, creo que *Francesca*, me mordió y eso me hizo quererla aún más. Cada uno de los ejercicios tenía un objetivo y un "fondo", pero eso a mí me valía madres porque, ¡eran caballos!

Y lo más importante de todo: no estábamos encerradas en CRM.

"Mich, *Francesca* me mordió. Es como cuando me corto: el caballo es tu espejo ¿no?"

EL CÚTER EN MI BURÓ

No sé cuándo empecé a cortarme, pero ya llevaba años haciéndolo cuando entré a CRM. Nunca he podido explicar bien cómo me funcionaba esto y tal vez suene bastante *psycho*, pero de verdad me ayudaba. Tal vez era una manera de regresar a la realidad o tal vez simplemente me gustaba y me ayudaba a tranquilizarme.

Cuando era adolescente, tuve una pelea con mi mamá. Recuerdo que sentí tal frustración que me rasguñé todo el lado izquierdo de la cara. Mi mamá se asustó muchísimo... y yo también cuando me di cuenta de lo que había hecho. Los raspones no se me quitaron en mucho tiempo, pero recuerdo que le decía a la gente que mi perro me había rasguñado. En secundaria solía "grabarme" las iniciales de mi nombre con cúter y hacerme figuritas. Una vez me hice una estrella de David en la pierna. No eran cortadas profundas, pero de todas formas dolían. Ya más grande, en cualquier momento que sentía que estaba perdiendo el control, cuando estaba enojada o incluso triste, lo hacía. Buscaba cualquier instrumento. Generalmente tenía un cúter en mi buró, pero cuando mi mamá se dio cuenta, me lo quitó. Entonces empecé a hacerlo con *clips* o con cualquier pedazo de metal que encontrara. No sé cómo no me dio tétanos. A veces se infectaban mis heridas y las curaba con agua oxigenada, porque el *Merthiolate* y el alcohol me ardían como la chingada. Nunca dejé de hacerlo, pero sí empecé a ser más cuidadosa con los lugares y con las partes del cuerpo donde lo hacía.

Aunque en CRM nos monitoreaban 24/7, logré robar un *clip* de las hojas de una de las robots y a lo largo de todo ese día me fui cortando en el brazo. Al final del día, se dieron cuenta y me "condicionaron": si volvía a hacerlo, me corrían del lugar. Yo pensé: "bueno, si lo vuelvo a hacer... puedo irme a casa", pero nunca pude robar otro objeto que me sirviera para cortarme.

SÍNTOMAS DE ABSTINENCIA

Después de una semana de estar ahí, empecé a sentir los síntomas de la abstinencia. Sí, todo lo que veía en las películas era verdad. Tal vez no a ese grado, pero sudaba y temblaba. Incluso un día Mich se dio cuenta y me dejó omitir algunas de las actividades. Me puse muy agresiva: le dije que si no me daba algo para tomar, me iba a morir. Y no, no me morí, pero pasé al menos dos días sintiéndome de la chingada. Mi cuerpo me pedía algo, lo que fuera... pero todos los medicamentos eran guardados bajo llave en la oficina principal, así que era imposible conseguir algo. Empecé a sentirme muy mal, sudaba, las manos me temblaban y tenía ganas de vomitar, lo cual estaba estrictamente prohibido porque muchas de mis compañeras tenían problemas alimentarios, y yo, pues un historial de "bulimia emocional".

Algún problema tuve, una discusión con una de las robots o algo por el estilo; nada grave, pero terminé en la oficina principal. Connie, la directora de CRM, fue a hablar conmigo para condicionarme otra vez. Pero yo a sus condicionamientos ya me los pasaba por el Arco del Triunfo.

Estaba sentada en una mesa redonda esperando a que Connie llegara; una de las robots estaba sentada junto a mí y creo que Verónica se encontraba en su computadora. Observaba toda la oficina, todos los detalles, cuando de repente noté un frasco de *Rivotril* en la mesa.

Estaba lleno.

Puedo jurar que se me iluminaron los ojos.

De pronto, todo desapareció. Todo. No podía concentrarme en otra cosa. Éramos el frasquito y yo. Empecé a temblar de la emoción: tenía que agarrar el frasco y salir corriendo, pero no podía. Estaba vigilada. Así que esperé con paciencia a que algo pasara. De pronto, la robot que me estaba vigilando se levantó y me dio la espalda, abrió un clóset buscando no-sé-qué y yo dije: "ahora es cuándo". No sé cómo lo hice. Creo que mi movimiento fue del tipo ninja, porque en 1.5 segundos logré agarrar el frasco y meterlo entre mis piernas antes de que la robot volteara.

En ese momento, Connie entró a la oficina.

"Ay, Ana, ¿ahora qué hiciste?"

"¿Me vio?, ¿me va a quitar mi frasquito?", me pregunté de inmediato. "No quiero que me lo quiten, lo necesito, es mío."

Connie se sentó frente a mí y empezó a hablar, pero no escuché ni una sola palabra de lo que me dijo, solo pedí perdón... No me importaba nada más que el tesoro que tenía entre las piernas.

Tenía el frasco de *Rivotril* en la bolsa de mis *jeans*, ahora el problema era en-

contrar el momento para tomármelo. Robots, terapeutas, compañeras, mucha gente alrededor de mí todo el tiempo, ¿cómo iba a hacerlo? Parecía una misión imposible. No podía ir a ningún lado, no podía esconderme. Logré encontrar lapsos de cinco o diez segundos durante los cuales nadie me veía y en ese momento tomaba lo que pudiera del frasco. La técnica: me tapaba la boca para "toser", un traguito; "estornudaba", un traguito... cuando me di cuenta lo había vaciado. Me había tomado todo, completito.

Y empecé a sentir los efectos. Y era la persona más feliz del mundo.

De momento, nadie lo notó. No fue sino hasta que tuvimos tiempo libre cuando la robot en turno, mientras me entregaba mi cajetilla de cigarros, me dijo:

"Ana, ¿qué traes en la bolsa?"

Bueno, se notaba un chipote en la bolsa de mi pantalón.

La robot metió la mano y sacó el frasco... vacío.

"Ven", me agarró del brazo y a jalones me llevó con Connie.

Lo único que me molestaba era que no había podido fumarme mi cigarro, ¡chingá!

TIJERAS

Condicionada por décima vez, le escribí una carta a mi hermana. Sabía que ella y mis papás se iban a enterar, así que le pedí perdón y, todavía con el efecto del *Rivotril*, escribí un cuento rarísimo. Ese fue el momento cuando me dije: "quiero cortarme el pelo; quiero estar pelona por completo".

Me quedé *fijada*. No podía quitarme la idea de que mi destino era estar pelona. Empecé a odiar mi pelo y en una de mis terapias se lo comenté a Mich y le dije que por favor me dejara hacerlo, que lo necesitaba. Obviamente la respuesta fue NO, y eso me hizo desearlo aún más.

Pasé días pensando y elaborando un plan para hacerlo. Un día, a la hora de la comida, cuando estábamos formaditas, dejé el plato y me metí a la cocina. Recuerdo la cara de las cocineras, una cara de "¿qué pedo con esta?".

"¡Unas tijeras! ¡Denme unas tijeras!", gritaba y volteaba a todos lados buscándolas. Cuando las encontré, corrí a agarrarlas y una de las cocineras me detenía y pedía ayuda. De pronto, toda la cocina estaba llena: Mich, las robots, mis compañeras, las cocineras y el chef, me quitaron las tijeras y tuve que regresar al comedor.

Supongo que condicionarme ya estaba de más. Creo que ya no sabían qué hacer conmigo. En la mesa, agarré uno de los cuchillos (de mantequilla) que nos daban y empecé a tratar de cortarme el pelo. Una de las robots me lo quitó de las manos y me dijo:

"Ya, Ana, por favor déjate de tonterías y come."

Creo que mis compañeras se asustaron mucho. Fui tema principal de las terapias de ese día. Algunas dijeron que pensaron que iba a matar a alguien o que me iba a matar yo.

Le escribí a mi hermana:

"...no solo fue un momento de locura de "quiero raparme ya mismo, quiero ser Britney Spears". Hay una razón detrás de todo esto en mi corazón. Intentaré explicarlo brevemente... pensé: "¿por qué no quitar todo lo malo del pasado (representado como pelo) y empezar *all over again*?". Me rapo lo malo y crece lo bueno, ¿me explico?"

Y sí, eso es lo que sonaba en mi cabeza. Tenía que hacerlo de alguna forma. En ese momento, cortarme el pelo por completo era mi manera de liberarme, de empezar de nuevo, de borrar todo. Creo que al fin entendí las razones de Britney Spears para hacerlo. Bueno, no sé si ella pensó lo mismo. Creo que simplemente estaba drogada.

PELLIZCAR UNA NALGA

Nadie tenía problema con que yo fuera *gay*, no había habido ningún comentario al respecto y ningún inconveniente. Ya para entonces me llevaba muy bien con mis compañeras, éramos muy unidas, con excepción de algunas que eran, digamos, raras... o eso decíamos las demás. A veces hacíamos bromas entre nosotras, nos empujábamos al subir las escaleras y poníamos apodos (ya todas le decían "robots" a las robots). Un día, mientras subíamos las escaleras después de las actividad física de las seis de la mañana, estaba bromeando con Ale y le pellizqué una nalga. En ese momento Ale solo se rio y seguimos bromeando. A la mitad del día una de las robots me dijo que Mich quería hablar conmigo.

"Ana, Ale dijo que le agarraste una pompa. ¿Es cierto?"

"Ehm... no le agarré una nalga. Estábamos bromeando y la pellizqué muy quedito, ¿por?"

"Bueno, pues Ale se quejó y dijo que creía que tenías otras intenciones con ella."

"¿Qué? Jajaja, Mich, ¿qué pedo? Eso no es cierto."

"Está bien, Ana, te creo. Solo ten cuidado."

¿Cuidado de qué? Pinche vieja mamona.

Obvio, fui a encararla:

"Ale, ¿qué pedo? ¿Por qué fuiste a decir que te agarré una nalga?"

"Yo no dije nada."

"Me llamó Mich para decirme que TÚ creías que YO tengo "otras intenciones" contigo, no mames."

"Bueno... es que... yo pensé que..."

"Si llegara a tener otras intenciones contigo, te lo digo, ¿va? No inventes tonterías porque me metes en más pedos que los que ya tengo."

"*Ok*, perdón, Ana."

A veces me preguntaba: ¿qué tanto querían ayudarnos todas las robots y las terapeutas? Llegaba a creer que solo estaban ahí "supervisando" que no hiciéramos ninguna tontería pero, ¿realmente querían ayudarnos? Muchas de ellas nos trataban como si estuviéramos enfermas, nos hablaban como si fuéramos tontas y eso me hacía enojar tanto que por eso adopté una actitud rebelde (como siempre) y sí disfrutaba cuando las hacía enojar.

Pronto me convertí en líder del grupo y muchas seguían mis pasos. Creo que eso hizo enojar a Jackie y me agarró un poco de rencor. Ella era la *Queen Bee* antes de que yo llegara. Sé que suena infantil, como si estuviéramos en secundaria, pero creo que así funciona todo. Siempre hay líderes y siempre hay seguidores.

ÁFRICA

Aparte de la equinoterapia, en ocasiones salíamos de CRM y nos llevaban a misa una vez a la semana. Aquello era opcional pero, si te quedabas, tenías que estar en Grupo Primario, una terapia de hueva. Así que la primera vez decidí ir a misa, para perder el tiempo y, claro, para salir de CRM aunque fuera un ratito.

Debo aceptar que no soy muy *fan* de la Iglesia; de hecho, pienso que es *bullshit*. Claro que creo en Dios, es solo que no creo que una imagen de un hombre sangrando en una cruz sea la mejor manera de representarlo; de hecho, pienso que es una horrible manera de hacerlo. Cada persona tiene la libertad de creer en lo que quiera y de crear su propia imagen de Dios, sea como sea que quiera representarlo.

Una vez nos llevaron al cine. Era un "premio" por habernos portado bien esa semana. Verónica, Mich y una robot estaban a cargo: nos treparon a unas *Eurovans* y nos llevaron a una plaza. Llegamos mucho antes de que la película empezara, así que como premio extra nos metieron a un Italian Coffee. Y ahí estábamos todas, en una mesota. Cada una podía pedir lo que quisiera... bueno, no lo que quisiera: té o café sin crema *Chantilly*, ni chocolate, ni chispas; cualquier cosa que no tuviera azúcar. Solo podíamos usar un *Splenda*. Pedí un café asqueroso que terminé por dejar completito. Todo era raro. Estábamos en una butaca, todas apretadas, hablando de... ¿nada? De vez en cuando alguien trataba de romper el hielo, pero regresábamos a estar en silencio, tomando nuestros tés y cafés horribles.

Mich y Verónica escogieron la película. Querían una que no tuviera violencia, escenas de sexo o cualquier cosa fuerte que pudiera ser un detonante para alguna de nosotras. *Charlie Bartlett* les pareció una buena idea. Para su sorpresa, la película trata de un niño que vendía pastillas: le pedía recetas a su psiquiatra y las vendía en su escuela. ¡Maravillosa película! Nos encantó a todas... menos a ellas; de hecho me sorprendió que no nos sacaran de la función.

Una vez a la semana íbamos a una sesión de AA. No porque fuéramos alcohólicas; en realidad nunca entendí bien el punto de ir, pero eso sí me encantaba. La primera vez no subí al estrado, aunque algunas de mis compañeras hablaron y todas aplaudimos. Había café gratis, pero no podíamos tomarlo. La segunda vez me armé de valor y subí a hablar. No recuerdo bien lo que dije; creo que hablé de la culpa que sentía. Todos me aplaudieron y en verdad me sentí mejor después.

Todo empezó a darme hueva; ya no hablaba en las terapias y sentía que alguna de las robots había activado mi botón de automático. Solo quería que fuera domingo para poder ver a mis papás y a mi hermana. Esperaba con ansias sus cartas y yo, a lo largo de la semana, les escribía dos o tres. Mi familia trataba de alentarme. Me decía que todo iba a estar bien, que solo tenía que concentrarme en mi recuperación. ¿Recuperación de qué? No estaba segura de si quería "recuperarme". Pensaba: "no es tan grave mi caso; puedo dejar mi desmadre si así lo decido. No pertenezco en este lugar". Tener a mi familia y a Mich a mi lado me hacía tener esperanza. Sentía que en ese lugar la única que me quería de verdad era ella. En mi diario de las quejas le pedí perdón por haberle mentido tanto tiempo, por haberle escondido todo lo que estaba haciendo mientras iba a terapia con ella y le decía que todo estaba bien. Me importaba mucho lo que ella pensara de mí.

Le confesé todas las veces que cancelé mi terapia y que todas las mentiras que le inventé para hacerlo era para quedarme con el dinero y poder comprar pastillas, *Tafil* o *Rivotril* y para pagar mis salidas, el alcohol y demás.

"Mich, creo que soy mala; en esencia, creo que mi corazón es malo", le dije una vez.

"Ana, en ti no existe un gramo de maldad", me dijo. "A veces el dolor es tan grande que crees que *todo* es una alternativa antes que enfrentarlo y verlo directo a los ojos. Tienes que enfrentar la realidad."

Sylvia entró después que yo. Una vez, mientras fumábamos un cigarro, en la plática coincidimos en que las dos queríamos irnos a

África como voluntarias. Esa idea no era nueva para mí. Yo llevaba muchísimo tiempo pensando que era mi sueño ir a ayudar a los demás. Nos hicimos más cercanas. Platicábamos cada vez que podíamos de eso y hacíamos planes. "Cuando salgamos, lo primero que hay que hacer es checar los programas de voluntariado..."

Aparte de conejos blancos, empecé a dibujar cosas de África. Era mi nueva esperanza. Ya no estaba *Camila*, mi amiga lagartija; el programa de radio que tenía con dos de mis amigas se estaba yendo para abajo (una de ellas se iba a Madrid porque odiaba la universidad). África era mi destino. Sylvia y yo éramos una misma y queríamos las mismas cosas. No podía esperar para salir y empezar a planear nuestra aventura. Ya nada iba a ser igual. El tema "cuando salgamos" abarcaba la mayoría de nuestros minutos de cigarro. Cuando salgamos...

"¿Sabes algo, Mich? Chivis y yo nos vamos a ir a África, *that's a FACT*. Eso nos inspira a querer salir de aquí y recuperarnos rápido..."

CUMPLEAÑOS

El día de mi cumpleaños fue... rarísimo. Amenacé a mis compañeras; les dije que no se les ocurriera despertarme con *Las Mañanitas* ni nada por el estilo. La primera que se acercó a decirme *"Happy birthday"* al oído fue Ale. Las demás también me felicitaron discretamente. Las actividades diarias no cambiaron gran cosa. Podía invitar a tres personas a comer ahí, en CRM. Claro que no quería que nadie fuera a ese lugar y acabé por invitar solo a Carla, mi hermana. Un día antes pude escoger tres platillos que iban a cocinar solo porque era mi cumpleaños. Supongo que ese era el *gran* regalo que CRM podía darme. Escogí una crema de queso y de los otros dos platillos no me acuerdo.

Mi hermana llegó justo a la hora de la comida.

"No puedes llegar tarde", le dije. El ritual fue igual que siempre, solo que Carla y yo pudimos pasar antes que todas a servirnos y aquí viene lo mejor: podíamos calentar nuestra comida las veces que quisiéramos. Qué gran regalo. Se sentó en mi mesa, junto con mis compañeras, y todas comimos en silencio. Carla me volteaba a ver de vez en cuando como diciendo: "*Ok...* esto es incómodo... muy incómodo". Y sí lo fue. Demasiado. Después de comer tuvo que irse y todas continuamos con nuestras actividades. Aunque todo fue raro, me encantó que mi *little sister* estuviera ahí conmigo en mi cumpleaños. Le había escrito una carta, la cual no le pude entregar porque no estaba Mich para leerla y aprobarla.

"Qué poca madre que te fuiste y no me dejaste darle su carta a Carla; neta, qué mal te viste, Mich. ¡Era mi cumpleaños! Me dijo Marina [una de las robots] que no podía dársela porque hablaba de mis compañeras y eso no está permitido. Y sí, escribí de todas pero, ¡estoy hasta la madre de escribir de mí misma! ¡No quieren darme *Flanax* y tampoco quieren comunicarme contigo! En vez de *Flanax* me dieron un pinche *Advil*, el cual no me sirve para nada. ¡Gracias, Mich, por haberme dejado sola en mi cumpleaños!"

El resto del día estuve enojada. En la noche nos dejaron ver una película. Yo la escogí. Fue *Buscando a Nemo*.

MÁSCARAS

Un día a la semana teníamos clase de arte, pero yo le decía "pinturitas" y todas las demás empezaron a decirle así también. En ese espacio estaba la única de las robots que no me caía mal. Se llamaba Aleida, era muy bonita y muy linda conmigo. A veces pensaba: "esta vieja me está tirando la onda" y tal vez estaba equivocada, pero esperaba con ansias "pinturitas" para poder verla.

Siempre llamaban la atención las cosas que yo hacía. Debo aceptar que siempre se me ha dado eso de la artisteada. Me gusta mucho y me ayuda a enfocarme y a no pensar en nada más. Creo que por eso lo disfrutaba tanto. Nos daban todo tipo de materiales, el salón era enorme y tú escogías tu espacio. Si querías estar apartada de las demás, nadie te decía nada. Tres robots supervisaban: como había tijeras y cosas por el estilo, tenían que estar pendientes. Y siempre estaban extra pendientes de mí, podía notarlo en sus miradas.

Un día hicimos máscaras con yeso mojado. Una vez que mi máscara blanca estaba seca y lista para adornarse me quedé paralizada viéndola.

¿Qué quiero hacer con esta máscara?

Empecé a pintarla, a ponerle pelo y bigotes y, cuando me di cuenta, tenía una máscara de *V de venganza* en mis manos. ¿Por qué hice esto? ¿Qué quiero decir con esto? Estaba muy claro. Volteé a ver las máscaras de mis compañeras: todas rosas, con brillitos, maripositas, arcoíris, corazones y regresé a ver la mía...

Noté que Luz, una de mis compañeras, "La Rara", estaba cerca de mí y veía mi máscara. Cuando hicimos contacto visual, solo me sonrió. Su máscara era negra. Estaba salpicada de rojo, como si fuera sangre. Claro, era la rara del grupo. Y de verdad era rara. Casi no hablaba, siempre estaba apartada de nosotras y, cuando expresaba algo en las terapias, todas nos quedábamos con cara de *Whaaat?*. Un día dijo que había tenido un sueño: "Había una sombra. Todo estaba negro. Yo estaba ahí y la sombra me dijo: ¡Mata a tus compañeras, mátalas a todas!". Mis compañeras, las robots, Mich y yo nos quedamos sin habla. Un día después se llevaron a Luz. Nos dijeron que tenía problemas "de otro tipo" y que la habían llevado a "otro" lugar. Todas sabíamos qué era ese otro lugar...

DUELO A MUERTE

Hablé por teléfono con mis papás y mi hermana y esa vez sí los noté diferentes. Estaban enojados. Mi mamá completamente seria, casi ni hablaba; mi papá lograba decir algunas cosas, pero sabía que no quería hablar por teléfono. Mi hermana me dijo que estaba muy preocupada, que les habían dicho que me estaba resistiendo al tratamiento y que ya no sabían qué hacer conmigo. Sabía que todos ellos estaban muy preocupados por mí. No sabía bien lo que estaba pasando afuera, pero de alguna manera podía sentirlo. Carla dejó de escribir, dijo que estaba en una *dry season*, que no estaba inspirada aunque constantemente pensaba en mí. Me sentí muy culpable. ¿Qué le estoy haciendo a mi familia? No puedo hacerles esto, no quiero hacerles esto. Tengo que concentrarme en mi recuperación para que todo regrese a la normalidad.

"A veces me pregunto si estoy haciendo esto por mí", me decía, "pero creo que más bien lo hago por ellos. Ya no quiero lastimarlos más."

Pero todo salió al revés. Y es que ya no podía más. Dejó de importarme todo, empecé a rebelarme y "recuperarme" dejó de ser una opción para mí. Pasé de la tristeza y la confusión al enojo. Odiaba todo. Odiaba a las técnicas, a mis compañeras, las terapias, la comida, los rituales. Odiaba estar ahí. Lo único que me mantenía con un poco de esperanza era saber que Mich estaba de mi lado, o al menos eso me hizo creer.

Cuando me quejaba de todo en las terapias individuales, incluso cuando le mentaba la madre y le escribía un sinfín de groserías en mi diario de las quejas, ella siempre tenía algo positivo que decirme. Estaba más enamorada que nunca. Mich era la única a la que realmente le importaba ahí. Mich iba a ayudarme a salir de ahí. Mich era mi cómplice.

"¡Ya sé! ¡Hay que hacer un muro de la expresión!", dije en una de las terapias de grupo. Las caras de mis compañeras se iluminaron. Sabía que también lo querían.

"En una pared o algo, cada quien va a tener un espacio, ¡y va a poder poner lo que quiera!", dije. Mis compañeras voltearon a ver a Mich a la espera de su aprobación. Yo estaba segura de que diría que sí; ella me apoyaba y estaba de mi lado.

Pero lo que dijo Mich fue:

"No, niñas, no."

Cuando escuché su respuesta, volteé a verla con cara de decepción. ¿Por qué querría negarme eso? No era nada malo; al contrario, era algo muy recreativo para todas nosotras.

"¡Por favor, Mich! Déjanos hacerlo", dijo una de mis compañeras.

"Ya dije que NO. La respuesta es NO."

El resto de la terapia estuve callada por completo, no podía creerlo... habían convertido a Mich en robot.

Los siguientes días estuve extremadamente seria, no escribí en mi diario y en las terapias con Mich casi no hablaba.

"Ana, sé que estás enojada pero tienes que entender que aquí hay reglas que no podemos romper...", me dijo.

Cada vez me convencía más de que Mich se estaba convirtiendo en robot como todas las demás. Ya no la veía igual, la observaba y notaba cómo todo lo que decía y hacía era igual al resto, a las técnicas y a las demás terapeutas. Había perdido a mi única cómplice, a la única que podía ayudarme, a la única persona en CRM que realmente confiaba en mí y en mi recuperación.

Ya no me quedaba nada por decir, pero sí podía hacer algo. Tenía que lograr salir de CRM lo antes posible, antes de que me convirtieran en robot a mí también.

Estuve esperando el momento perfecto, aunque resultaba claro que no existían los momentos perfectos en CRM.

Una vez más, a la hora de la comida, después de aventar mi plato con todo y comida, conseguí meterme a la cocina. Logré agarrar un cuchillo, uno filoso. Trataron de detenerme pero corrí. Bajé las escaleras y me encerré en la oficina principal. No había nadie adentro.

"¡Ana! Abre la puerta!"

Claro que no iba a abrirla, pero tenía que pensar en un plan rápido.

¿Qué voy a hacer con este cuchillo? Puedo abrirme camino hasta la entrada de CRM y salir; después, amenazo a los polis de la entrada para que me dejen salir. Una vez afuera, corro... corro lejos. Sí, es un buen plan.

Antes de que yo pudiera salir, una técnica logró abrir la puerta de una patada (claro, los robots están programados para tener fuerza extrema). Antes de que pudieran atraparme, porque eran al menos cuatro, logré escaparme. Nunca me había visto en una persecución de ese tipo: era como una película y yo era la protagonista. Las robots, las terapeutas, las cocineras y el chef, los policías, incluso veía a mis compañeras como mis enemigos. Querían matarme, ¡tenía que escapar! ¡No importaba nada más, estaba en peligro de muerte!

Mich, enfrente de mí, tapaba las escaleras.

Sabía que ese era el final. El villano y yo. Ella y yo. Todos nos rodearon, pero nadie intervino.

"¡Mich! ¡Ayúdame a salir de aquí, por favor!", grité desesperada.

"No, Ana, sabes que no puedo hacerlo."

Entonces hice algo que nunca pensé hacer. Ni siquiera entiendo de dónde salió.

"Si no te quitas, voy a tener que matarte", dije, al tiempo que acercaba el cuchillo a su garganta.

En ese momento sentí cómo mi cabeza se estrelló en la alfombra. Uno de los policías había logrado tirarme.

"Llama a sus papás de inmediato. Tiene que irse de aquí...", alcancé a escuchar.

DOS

capítulo

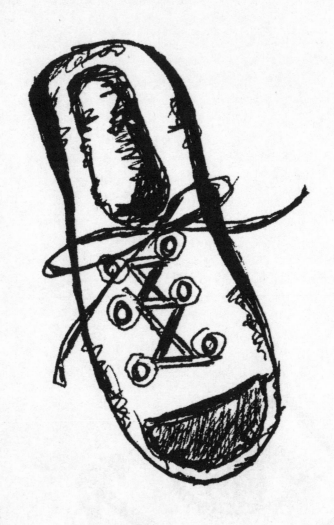

MI NUEVA VIDA

Este no es el camino a mi casa... ¿Adónde me llevan? Estamos en una carretera. "Querétaro", logro ver en un letrero...

¿Por qué vamos a Querétaro? Yo quiero ir a mi casa.

"Carla, ¿adónde vamos?"

"A Querétaro..."

"Sí, ya me di cuenta de eso... pero, ¿ADÓNDE vamos?"

"Vamos a llevarte a otro lugar..."

No pude despedirme de Sylvia como me hubiera gustado. Solo le di mi dirección de correo electrónico y le dije que cuando saliera de ahí me escribiera para seguir con el plan de África. Mich ya no me dijo nada. Eso fue lo que más me dolió. Para mí, ella era la que más me importaba y la había decepcionado.

Todas me dijeron que iban a extrañarme, intercambiamos direcciones de correo electrónico y la esperanza de volver a vernos en algún punto de la vida.

Llegamos hasta una reja grande, enorme. Había varios policías. Mi papá les dijo algo, pero no logré escuchar qué. Nos abrieron y continuamos por un camino empedrado. A lo lejos se veía una casa grande; la rodeaban jardines y una enorme fuente justo delante. Este lugar no se parecía a CRM. "¿Dónde estoy?", pensé. Parecía una hacienda... ¿un rancho? Era hermoso. En el jardín estaban bañando a un perro, una *golden* bellísima. Todos reían y se mojaban con la manguera. Parecía un comer-

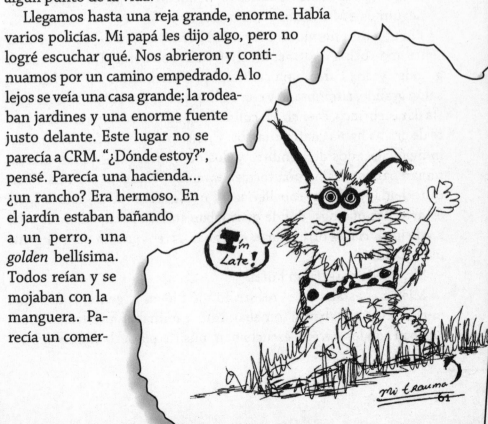

cial de algo... ¿de champú para mascotas?, ¿mangueras?, ¿pastillas de felicidad? No lo sé...

Llegamos a la entrada del lugar. Mi corazón latía rapidísimo. Estaba emocionada y confundida.

Nos recibió una mujer muy amable, extremadamente amable, hasta podría pasar por gringa, de esas que te saludan *Hiii, hoooney!*. Tal vez era la esposa de Santa Claus.

Nos pasaron a un cuarto que era como un consultorio de terapias, muy bonito, con sillones cómodos. Ahí estábamos mi mamá, mi papá, mi hemana y yo.

Entró un hombre y yo estaba segura de que era doctor; tenía que ser doctor, no podía ser otra cosa. Se sentó junto a la *Happy Woman* y empezaron a hacer preguntas. Yo no hablé. Casi todas las preguntas iban dirigidas a mis papás o, al menos, eso creía.

Bla, bla, bla, no escuchaba nada, solo volteaba a ver el enorme ventanal que estaba a mi lado. Veía a la *golden* recién bañada, corriendo.

"Bueno, pues vamos a darles un pequeño *tour* por el lugar..."

Seguimos a *Mrs. Claus* y al Doctor.

Era una casa hermosa. De verdad hermosa. Era del tipo colonial; tenía una cocina enorme, un chef y sus cocineros. Dos comedores grandes y una barra, una cafetera que funcionaba 24/7. Había un salón grande, alfombrado y con cojines por todos lados. Yo solo quería dar un brinco, caer en los cojines y quedarme dormida. En la parte de arriba había cuatro cuartos. Unos con literas, otros con camas individuales; dos de hombres y dos de mujeres (todos los cuartos tenían baños). Había una terraza también. Pasamos por una alberca techada, jardines, caballerizas y una especie de... ¿sótano? Ahí estaban las oficinas, donde guardaban todos los expedientes y las medicinas. Había otro cuarto allá abajo, creo que era para la gente más grande.

Sí, aquello parecía un hotel.

Mientras estaba en el recorrido me fijé en la gente: todos eran muy felices, fumaban y tomaban café, caminaban por los jardines, jugaban con los perros, escuchaban música, platicaban, reían...

No me había caído el veinte de que iba a quedarme en ese lugar; cuando vi que bajaron mi maleta del coche y a mis papás susurrándose cosas con *Miss Claus* y el Doctor supe que no estaba ahí solo para un *tour* y mucho menos de vacaciones. En ningún lugar para vacacionar tienen rejas tan grandes ni tantos guardias. Supe en ese momento que ahí me quedaría y sentí que, por más bonito que pintaran el lugar, yo quería irme a casa. Empecé a sentirme mareada y con ganas de vomitar.

"¿Cómo te sientes?", me preguntó mi hermana antes de subirse al coche.

"No sé, me tomé media botella de *Listerine* antes de salir de CRM..."

Se despidieron de mí sin decir nada más.

Una vez más me sentí confundida y empecé a enojarme. ¿Por qué no me llevan a casa? Todo sería más fácil si me llevaran a casa. Ya estoy bien, ya me recuperé.

"Ven, Ana... vamos a enseñarte tu cuarto y a explicarte toda la dinámica de VIVIR."

"VIVIR, ¡ja! ¿Qué tipo de nombre mamón es ese? ¿Por qué después de estar en la cárcel me traen a un lugar así?", pensé sentada en mi cama. Estaba sola en un cuarto con cinco camas individuales. Mi cabeza daba vueltas tratando de encontrar una escapatoria. Junto a mi cama había un balcón. Abrí la puerta y salí: enfrente de mí estaba una fuente enorme y el jardín principal; a lo lejos veía la reja de la entrada y los policías rodeándola. Noté que en el piso había una taza de café casi llena. Alguien la había dejado ahí. La agarré y la estrellé en la pared. Cayó en el jardín hecha pedazos y la pared acabó manchada de café. Nadie vio, nadie lo notó, pero yo me sentí mejor.

UNA *EMO* AMARGADA

Cuando llegas a un lugar nuevo, la primera tarea que te pones es observar. Analizar todo y a todos para, poco a poco, adoptar la actitud adecuada. Al menos así lo veía yo. En CRM fue diferente: no tenía muchas opciones, todo estaba perfectamente estructurado y, en cambio, en este nuevo lugar nada parecía tener reglas ni estructuras. No salí del cuarto en todo el día. Saqué mis cosas, las acomodé y desacomodé una y otra vez, leí y releí las cartas de mi hermana, hojeé mis libros, los libros que nunca pude leer en CRM.

Después de unas horas entró al cuarto una de mis nuevas compañeras. Volteó a verme y no me saludó. No me dijo nada, ni siquiera me sonrió. Yo tampoco supe qué hacer. Se sentó en su cama y se puso audífonos. Yo pretendía no verla, pero la observaba de reojo. Parecía que tocaba la batería, balbuceaba y se movía. Me intrigaba saber qué escuchaba. Probablemente era algo de *rock*, Metallica o Megadeth, algo por el estilo. Estaba vestida toda de negro, tenía sombras negras, mucho rímel y delineador: toda la pinta de una adolescente *emo*. Abrió la ventana y prendió un cigarro. Me emocioné al saber que podíamos fumar dentro del cuarto. Tal vez no podíamos pero, si ella lo hacía, yo podía hacerlo. Prendí un cigarro, pero ella de nuevo no volteó a verme. Yo esperaba el momento en que me hablara y pudiera preguntarle cosas. Aún me sentía muy confundida. Después de un rato, dejé de espiarla. Dejó de ser interesante. Llegué a la conclusión de que era una *emo* amargada.

Sabía que Mich no iba a leer más mi diario pero, aún así, escribí en él... le escribí a ella.

"Creo que no estoy preparada para enfrentar al mundo. Quiero regresar a CRM, no quiero estar en este lugar. Estoy en un lugar muy bonito pero... pero... (el "pero" anula todo lo anterior, ya lo sé) pero..., ¿por qué te diste por vencida, Mich? Jamás podría lastimarte. No sé qué pasó por mi cabeza en ese momento, pero TÚ sabes que jamás te haría algo así... ¿Por qué me abandonaste? ¿Por qué?"

Sabía que no iba a recibir ninguna respuesta con letra y ortografía perfectas al final del día.

YO NO SOY ADICTA

En VIVIR no existían las reglas; bueno, había pocas y muy obvias. Podíamos hacer lo que quisiéramos con nuestro tiempo, excepto durante las horas de terapia, las horas de comida y algunas actividades programadas. Fuera de eso, éramos libres. Podíamos leer, fumar, tomar café o té, platicar, escuchar música, dibujar, pensar... en realidad tenía mucho tiempo para pensar pero no quería hacerlo. Así estaba bien.

En este lugar, que era una casa de medio camino[1] para adictos, no existían las visitas los domingos. Me informaron que no iba a poder ver a mi familia por lo menos en 28 días. Mis papás dejaron dinero para que me compraran cigarros y también podían dejarte *treats*, dulces (todos comían dulces como locos), jugos, refrescos o cualquier cosa, pero no podían verte.

¿Una casa de medio camino? Yo no soy adicta. "Claro que no soy adicta", pensé. "Mi psiquiatra tiene la culpa de que todos malentiendan; no puedo ser adicta si son medicamentos que compro en una farmacia, ¿no? Eso no es ilegal. Claro que he llegado a consumir otras cosas que no se compran en farmacias y claro que abuso del alcohol pero, en general, estoy bien. No soy como todas estas personas que están aquí. Nunca me he inyectado heroína ni he fumado *crack* o alguna droga fuerte. Mi consumo y automedicación son perfectamente normales y, si quiero parar, puedo hacerlo. No pertenezco a este lugar."

Todo eso lo pensé al principio.

En CRM realmente no tocamos mucho el tema de las drogas, lo cual me mantenía tranquila... pero en VIVIR todo era acerca de eso, hablar de eso, trabajar con eso. Era el tema principal en todo momento.

Después de unos días me empezó a caer el veinte de que tal vez sí tenía un problema: todas las preguntas que me hacían, las cosas que mis compañeros contaban y las miradas de "estás de la chingada igual que nosotros" cuando yo contaba algo. A Mich nunca le dije toda la verdad, ni siquiera en CRM. A mis papás y a mi hermana, menos.

Y lo peor de todo es que me había estado mintiendo a mí misma.

---

[1] Se le llama "casa de medio camino" a las instituciones que suelen hospedar a adictos en recuperación que recién salieron de una estadía en una clínica, pero que aún no están preparados para reintegrarse a la sociedad —*Nota del editor*.

FELICIDAD EN FORMA DE *TAFIL*

Cuando uno de mis psiquiatras me recetó *Tafil* por primera vez, no tenía idea de lo mucho que iba a gustarme. A lo largo de los años había tomado un sinfín de pastillas para la ansiedad, la depresión, los ataques de pánico; lo que sea, *you name it*. De todas, el *Tafil* me abrió las puertas a Wonderland. ¿Por qué permitieron que me sintiera tan mal todos estos años si la solución estaba en esas mágicas gotitas? Tres gotitas al día me hacían sentirme bien. Seis gotitas al día. Doce gotitas. Quince gotitas cada tres horas. Tener el frasco en mi bolsa para tomarlas en cualquier momento me hacía sentir bien. Sin darme cuenta, los frascos no llegaban a durarme más de un día. A veces juntaba dinero para comprar más: dos frascos al día. Las recetas no eran fáciles de conseguir. Muchas veces lograba confundir a mi doctor para que me diera recetas de sobra. "Es que se me perdió la que me diste la última vez..."

Incluso llegué a darle dinero a la de la farmacia para que me vendiera mi frasquito sin recetas. Todos los días eran una eterna lucha para conseguirlas. No sé cómo lo lograba, pero la mayor parte del tiempo tenía un frasco en mi bolsa.

Llegó un momento en el que de verdad necesitaba como mínimo un frasco al día o una caja de pastillas. Conseguir dinero no era fácil. Les robaba dinero a mis papás cuando podía; cancelaba mis terapias con Mich para quedarme con el dinero; no comía con tal de poder pagar mi felicidad.

Después de un tiempo, un frasco, incluso dos frascos, no era suficiente. No podía comprar más. Encontré una solución: vodka con *Red Bull* y *Tafil*. No tenía el mismo efecto que el *Tafil*, ¡tenía uno mucho mejor! Además, me salía más barato ir al Oxxo y comprar vodka *Oso Negro* y, como el *Red Bull* estaba fuera de mi alcance la mayoría del tiempo, compraba alguna de esas bebidas con taurina, la más barata. Empecé a hacerlo diario. En esa época tenía un programa matutino de radio por internet con dos amigas. Para las once de la mañana ya estaba tomando mi primer trago. Mis amigas no sabían que tenía un ingrediente extra: medio frasco de *Tafil*. A lo largo del programa lograba prepararme dos o tres tragos más y en los comerciales iba al baño a ponerles *Tafil*. Por lo general, cuando el programa terminaba, ya estaba completamente intoxicada. El resto del día intentaba seguir el mismo ritmo de la mañana, porque de otra manera me sentía mal. La verdad es que prefería estar completamente intoxicada a lidiar con la realidad que era: "Te estás metiendo en un pedo grave y lo sabes...".

Jamás pensé convertirme en una mentirosa, pero a veces sentía que no tenía opción. No solo le mentía a Mich, a mis papás y a mi hermana: también les mentía a mis amigas o, más bien, omitía muchas cosas. Demasiadas.

Me convertí en una mentirosa profesional.

Después de un tiempo, el efecto ya no era el mismo. Tenía que buscar nuevos cocteles y combinaciones. Ya era cliente frecuente de las farmacias. Empecé a probar nuevas cosas; algunas se compraban en las farmacias, otras no. Experimenté muchos efectos pero ninguno era el que yo buscaba. De pronto, nada era suficiente. Sin importar cuáles combinaciones inventara, nunca logré sentirme como al principio.

No recordaba la última vez que había estado sin el efecto de alguna droga, la que fuera. Así pasaban mis días, así era mi vida ya. A diario tenía que buscar algo que me hiciera sentir o, más bien, NO sentir.

Ahora que lo pienso, ¿cómo no pude darme cuenta? ¿Cómo llegué tan lejos? ¿Tuve que llegar a Querétaro, a una casa de medio camino, para que me cayera el veinte? Entre más lo pensaba, más lo necesitaba. Estaba segura de que ahí, alguien más, aparte de mí, necesitaba tomar algo, lo que fuera. Solo tenía que encontrar quién.

¡Claro! ¿Cómo no se me había ocurrido antes? ESTE es el lugar donde puedo raparme. Tengo que pensar en un plan. No voy a pedir permiso, no quiero arriesgarme a que me digan que no. Unas tijeras. Tengo que encontrar unas tijeras.

Escucho más voces afuera: son el doctor y una de las terapeutas. Todos me dicen cosas que no logro entender ni distinguir bien.
Después de unos minutos, abro la puerta...

Todos me miran.
"Ana Paola, ¿qué te hiciste?"

Después de aquel lío, simplemente me dijeron:
"Ana, ve con Gaby, ella te va a arreglar el pelo..."
Y sí, me había dejado un desmadre en la cabeza. Gaby era una de mis compañeras pero también ayudaba en las terapias. Llevaba mucho tiempo ahí.

Me emparejó el pelo y digamos que me dejó un corte muy... lesbiano. Pero me encantaba. No estaba 100% conforme. Yo quería estar pelona pelona, pero en otra ocasión lo intentaría de nuevo.

EDUARDO

La diversidad en VIVIR era muy notoria. Tenía compañeros muy chavitos; el más chico tenía quince años. Se supone que VIVIR era para mayores de edad, pero el lugar donde él estaba cerró y lo integraron ahí. Era un chavito que parecía muy inocente. Se llamaba Joshua; bueno, supongo que todavía se llama así. Tenía unos ojos azules muy bonitos y profundos. Le gustaba hacer grafitis, era muy bueno en eso. Siempre he pensado que los grafiteros son artistas, la mayoría de ellos. Me encantaba ver cómo combinaba colores, aunque no lo hacía en las paredes. Lo hacía en un cuaderno que tenía y a veces en uno mío.

Para mi sorpresa, no era la única *gay* ahí. Había dos hombres y una niña también. Ella terminó ahí porque fumaba marihuana y sus papás la cacharon cogiendo con su novia. Esperaba días enteros a que le llegara una carta de ella y se sentaba apartada de todos a leerla. Otro de ellos era alcohólico, muy alcohólico.

Había una señora joven. Calculo que tendría unos 35 años cuando mucho, pero tenía hijos chiquitos. No me acuerdo bien pero creo que también le entraba al chupe.

Y estaba mi cómplice, Eduardo. Muy guapito, chavito también, como de 18 años, medio *mirrey* pero buena onda. Empezamos a llevarnos porque él me conseguía pastillas a cambio de cigarros. Era bien carero el cabrón; había días en los que me quedaba sin cigarros solo por la mitad de un *Tafil*, que pa' mis pulgas era como si me hubiera tomado media *Tic-Tac*...

No tenía muchas cosas con qué negociar; por lo general lo único que podía interesarle a Eduardo eran los cigarros porque su familia nunca le mandaba suficientes, o tal vez se le acababan porque, a falta de drogas, todos fumábamos empedernidamente.

No tengo idea de cómo llegó a ser mi *dealer* ni cómo conseguía pastillas, pero pronto se convirtió en mi persona favorita. Creo que más o menos su dinámica empezaba por intercambiar algo (no sé qué, tal vez cigarros también) por las pastillas que algunos de los inquilinos tomábamos. A la mayoría nos mantenían en cuarentena, pero muchos otros tenían que tomar ciertos medicamentos, los cuales claramente no tomaban y se los vendían a Eduardo. Él los guardaba en uno de sus calcetines. Nunca pensé, hasta ahorita, lo asqueroso que eso era. Es probable que ese calcetín estuviera usado, aunque supongo que ya no importa.

Creo que no muchos sabían de los negocios de Eduardo. Yo lo descubrí un día que platicábamos y le comenté lo difícil que estaba siendo estar en VIVIR; que a veces sentía que iba a morir si no tomaba algo, lo que fuera. Me ofreció con amabilidad sus servicios, los cuales, por supuesto, eran caros. A veces hasta diez cigarros por pastilla. Y como mi cuerpo necesitaba más de una, o más de dos o tres, me quedaba sin cigarros hasta que me tocara otra cajetilla, las cuales eran controladas por *Mrs. Claus*. Nos daban una cajetilla al día, que normalmente hubiera sido suficiente, pero con todo eso del trueque, la mayoría de los días me quedaba *cigaretteless*. Quedarte sin cigarros era una tortura; casi nadie te regalaba (si acaso, te "prestaban" cigarros, que a la larga tenías que pagar). Todos tratábamos de dosificarlos para no sufrir la abstinencia; suficiente teníamos con estar ahí.

Eduardo y yo empezamos a tramar algo. Sabíamos a la perfección dónde guardaban todas las medicinas. El Doctor y *Miss Claus* sabían bien que la mayoría de nosotros mataría por alguna medicina de las que guardaban bajo llave. Y justamente porque era peligroso tenerlas cerca de los demás, las tenían en una bodega, cerradísima con seguro.

Ni siquiera lo planeamos bien. Era tal nuestra desesperación por conseguir "algo" que tomar que no destinamos tiempo suficiente para planearlo con toda cautela.

Aun así, lo hicimos.

EL GOLPE

La bodega estaba abajo. Casi nadie bajaba para allá, solo los cuidadores y los doctores (psiquiatras, no de otro tipo). Era como la una de la tarde. Todos estaban revoloteando por toda la casa, la cual era enorme pero igual siempre te topabas con alguien.

Estuvimos dando vueltas Eduardo y yo (por separado) cerca de las escaleras que bajaban a la bodega, a fin de encontrar el momento adecuado para bajar.

Lo hicimos: primero yo y luego él atrás de mí. Nadie nos vio. Yo llevaba un *clip*. Sí, un *clip* con el que según yo iba a abrir la puerta, muy en mi papel de Charlize Theron en *La gran estafa*, sin ser tan *sexy*, por supuesto.

Y lo logré.

¡Jamás en mi vida había podido abrir una puerta con un *clip*! Es dificilísimo. No sé cómo, pero lo logré: abrí la pinche puerta. Creo que los dos, muy en el fondo, sabíamos que no íbamos a poder entrar. Cuando nos dimos cuenta de que sí se pudo, dimos de brincos como una porrista cuando la invita a la graduación el *quarterback* del equipo de la prepa.

Entramos con rapidez. Cerramos la puerta y nos vimos totalmente a oscuras. Empezamos a buscar la luz tocando las paredes pero no encontramos nada. Había un escritorio con una mini lamparita y esa fue la única luz que logramos prender. Casi no alumbraba, pero aun así seguimos con nuestra misión y empezamos a meternos cajas de medicinas en las bolsas, calzones, en mi bra (ni siquiera se nos ocurrió llevar algo para meterlas todas). Tratábamos de ver las cajas para ver qué era lo que nos llevábamos pero la luz no ayudaba y tampoco estábamos para ser *pickys*. Lo que sí buscábamos como locos (o más bien, como adictos) era *Tafil, Rivotril, Clonazepam* o cualquiera de sus derivados. Nos dimos cuenta de que *esas* estaban en una vitrina cerrada con llave.

Nos emocionamos como si hubiéramos encontrado un tesoro. "Ábrela con el *clip*", me dijo Eduardo casi temblando. Y así estuve más de cinco minutos intentando abrir la vitrina con el *clip* mágico que había (de churro) abierto la puerta.

No podía.

Temblábamos de emoción y de nervios porque sabíamos que en cualquier momento alguien podía entrar. Le dije a Eduardo que no podía, me quitó el *clip* y empezó a intentarlo. Tampoco pudo. "Mejor vámonos, hay que planearlo bien y mañana regresamos con más calma", le dije. Salimos de la bodega. La puerta se quedó abierta, sin llave, pues. No iba a cerrarla con el *clip*, ¿o sí?

No subimos por las mismas escaleras pues era muy arriesgado. Salimos por una puerta que nos sacaba al jardín principal, a un caminito para ir a los establos.

"A ver, ¿qué agarraste?", fue lo primero que dijimos una vez que estuvimos en un área *safe*. Sacamos todas las cajas que habíamos robado y las pusimos encima de una piedra, perfectamente acomodadas para poder analizarlas: eran cajas de medicamentos con nombres rarísimos que jamás habíamos visto; no sabíamos qué eran y no nos importaba. Eduardo agarró una caja y sacó todas las pastillas. Eran color rosa clarito. Venían diez: las sacó todas, me dio cinco y se quedó con cinco.

No teníamos agua.

Volteamos a nuestro alrededor para buscar una llave, cubeta, algo, lo que fuera.

Nada.

"Pues junta babita y trágatelas."

Y así fue. Una por una. Yo tenía la boca sequísima por el *rush* de nervios de los minutos anteriores, pero no me importó. Una por una.

"¿Qué sigue?" Agarré otra de las cajas y saqué dos ampolletas.

"¿Qué chingados? Eso es con inyección, ¿no?", dijo Eduardo.

"Sí, pero NO tenemos jeringas", le contesté y rompí el frasquito de una de las ampolletas y me tomé el líquido. La sensación fue horrible, sabía asqueroso y me quemaba. Eduardo, sin pensarlo dos veces, hizo lo mismo.

Nos tomamos todas las pastillas y cápsulas de todas las cajas que logramos robar. Absolutamente todas. Yo diría que cada uno nos tomamos alrededor de treinta o cuarenta pastillas, más las ampolletas.

Escondimos toda la basura debajo de distintas piedras y regresamos a la casa.

"¿Cómo vas?", me preguntaba Eduardo cada tres minutos. Estábamos afuera "conviviendo" con todos, y digo "conviviendo" porque en realidad yo no estaba ahí. Mi cuerpo seguía presente pero yo ya estaba en otro lugar: estaba esperando que me hicieran efecto las pastillas y todo lo que me había tomado.

Eduardo se puso muy mal, empezó a decir tonterías y se le trababa la lengua; nadie le ponía mucha atención pero yo estaba muy nerviosa. No quería que nadie se diera cuenta. Lo agarré y lo subí a su cuarto.

"Aquí te quedas, cabrón, porque nos van a cachar", le dije y me quedé un rato con él. Se quedó dormido y yo me fui a mi cuarto.

No había nadie ahí, ninguna de las chicas.

Estaba solita.

Saqué de mi calcetín una caja de pastillas. Esa no la iba a compartir con nadie. Ni siquiera sabía qué era, pero era MÍA. Me tomé las diez pastillas y me acosté en mi cama.

VER PASAR TU VIDA EN UN INSTANTE

Cuando abrí los ojos ya era de noche. No sabía qué hora era; nunca he usado reloj, nunca me ha gustado contar el tiempo y en ese momento menos me importaba. No había nadie en el cuarto todavía. Me levanté y entré al baño. Me vi en el espejo: esa no era yo. Se parecía a mí, pero no era yo. Empecé a vomitar sin control. Ni siquiera me dio tiempo de voltearme hacia el excusado. Ahí en el lavabo vomité. Vomité mucho. Demasiado. Tenía la lengua quemada por la ampolleta que había tomado. Cada vez que podía, levantaba la cabeza y me veía al espejo. Todavía era alguien más.

Limpié el lavabo usando todo el rollo de papel. Ya no quedaba más. Fui al clóset y agarré una playera que no era mía, limpié lo que faltaba y escondí la playera en un cajón, hasta el fondo.

Volví a acostarme pero no pasaron ni dos minutos cuando volví a correr al baño. Esta vez sí llegué al excusado. Vomité pura espuma. No podía dejar de hacerlo. No me daba tiempo de respirar y pensé que me ahogaría. Cuando terminé, me quedé ahí, hincada. Llorando, temblando. Me sentía muy mal. Pensaba que iba a morir. No era un sentimiento nuevo, pero igual se sentía de la chingada.

Dicen que cuando te vas a morir ves toda tu vida pasar en chinga, ¿no? Para mí, sentir que me iba a morir era un sentimiento recurrente, pero nunca vi mi vida pasar ante mis ojos, así que supongo que es mentira lo que dicen o tal vez nunca estuve al borde de la muerte.

MANGA

Cada vez que paso una navaja sobre mi piel o cualquier cosa que sirva para cortar, siento un extraño alivio instantáneo. Nunca he entendido cómo es que esto me funciona tan bien, pero me funciona.

No recuerdo cuándo fue la primera vez que lo hice. Siempre tenía algún tipo de cortada secreta en el cuerpo; lo hacía estratégicamente para poder esconderlas, pero muchas veces se me pasaba la mano. A veces, dejaba de hacerlo por meses. En la universidad mi lado *cutter* de pronto se incrementó. Dos o tres veces por semana me hacía mi terapia de cortadas. Tenía ya una colección de instrumentos que guardaba hasta el fondo de mi buró; después de usarlos los lavaba con alcohol y me pasaba un algodón por las heridas frescas para que me doliera más.

Llegó un momento en el que ya no podía esconder más esas heridas. Empecé a usar todos los días playeras de manga larga. No importaba si hacía un calor de la chingada, siempre usaba algo para tapar mis heridas. Empezaron a llamarme *Ana Manga Larga*, después simplemente *Manga*. Claro que no sabían por qué usaba mangas largas. Yo simplemente decía que así me gustaba vestirme.

Los brazos, las piernas, la ingle: parecía jamón Virginia, cortadas y cicatrices por todo el cuerpo. Extrañamente, empezó a molestarme que me tocaran. Cualquier tipo de contacto me resultaba incómodo. A veces era porque me dolían tanto mis heridas que prefería que nadie me tocara. Aprendí a ser enfermera y doctora: ya sabía cómo curar mis heridas y cómo mantener limpios mis instrumentos.

Generalmente sabía cuándo parar: o ya había demasiada sangre o empezaba a dolerme más que lo normal. Solo una vez pensé que se me había pasado la mano y que tal vez había cortado una vena: no dejaba de sangrar y casi podía ver mi hueso. Finalmente logré hacer una curación un poco extraña: me engrapé la herida para que cerrara y me puse una venda. Sorpresivamente funcionó, pero me dolió como nunca. Me prometí a mí misma no volver a cortarme tan profundo.

De vuelta en VIVIR: sin pensarlo dos veces, comencé a pintar con carboncillo (siempre ha sido mi favorito) la pared en donde estaba la cabecera de mi cama. No tenía más material, solo unos carboncillos que mi tío Miguel me había llevado unos días antes. Mi tío era la única persona que podía visitarme, conocía a gente ahí y lo dejaban verme en las noches. Esperaba con ansias a que llegara. Sus palabras siempre me hacían sentir mejor. Él sabía por lo que estaba pasando; sentía que era la única persona que en realidad entendía profundamente lo que sucedía dentro de mí. Él había estado en mi lugar y creo que solo la gente que ha vivido lo mismo que tú puede entender ese dolor, esa tristeza, esa confusión, ese enojo. Ni siquiera los doctores y terapeutas; ellos no saben. Creen saber, creen entender, pero no saben realmente lo que se siente.

Enoooorme mi obra de arte. Una de mis compañeras entró al cuarto y vio lo que había hecho. *"Güey*, te van a cagar", dijo y la muy chismosa fue a acusarme con *Mrs. Claus.*

Sí, por una parte estaba buscando expresarme y "tener algo que hacer". Pero sí, por otra parte buscaba que me metieran una cagotiza y, tal vez... que me corrieran.

Pero no. No me corrieron. No me cagotearon. Me dijeron que lo dejara así pero que ya NO pintara ahí. Ese mismo día me llevaron mi *sketchbook* y mis pinturas.

De alguna manera, y de verdad no sé por qué, siempre acabo saliéndome con la mía. No hablo solo de VIVIR o de CRM: siempre se me ha dado un trato especial en muchas situaciones y lugares. "¿Por qué ella sí y yo no?" Esa era siempre la pregunta de los demás y creo que hasta la fecha no sé la respuesta.

Creo que también me he aprovechado de eso pero, ¿quién no lo haría?

MI PARED

¿Alguna vez les han regalado una pared para hacer lo que ustedes quieran con ella? A mí sí. A la fecha sigo diciendo que es el mejor regalo que me han dado.

El Doctor Principal, junto con *Mrs. Claus*, siempre fueron muy buenos conmigo. MUY buenos... Un día estaba pintando en mi *sketchbook*, se acercaron a mí y me dijeron que guardara todas mis pinturas (en un portafolio de madera que aún tengo) y que los siguiera. Caminé atrás de ellos sin saber adónde me llevaban. Estaba este pasaje secreto que te conducía hacia las caballerizas...

"Aquí puedes pintar", me dijo *Mrs. Claus* cuando se detuvo frente a una pared.

Sí, una pared solo para mí. MI pared.

Me acuerdo que esa misma tarde no me moví de ahí. Pinté y pinté y, de hecho, decidí agregarle más cosas a mi obra de arte. Le pedí alambres viejos, clavos y demás cosas de contrabando a un *handy-*

man de ahí. Mis compañeros iban a visitarme y comentaban mi loca y rara obra de arte...

La única verdad es que no me acuerdo a la perfección de ella. Ojalá tuviera una foto o, por lo menos, una foto en mi cabeza. Ahí se quedó mi pared, en VIVIR. ¿Seguirá mi obra de arte ahí o la habrán borrado cuando me fui?

Supongo que nunca lo sabré.

CORRER SIN PARAR, COMO FORREST GUMP

Lo siguiente es un fragmento tomado de mi diario en VIVIR:

22 de octubre de 2008

¿Me rehúso a recuperarme?

No he entrado a ninguna junta (terapia) y nadie me dice nada, pero no creo que mi recuperación esté en las juntas. Mientras yo me voy con los caballos, me salto a otra propiedad que tiene unos columpios. Estoy con los perros, pinto; tooooooodo ese tiempo estoy conmigo, con nadie más. El otro día, tirada en el pasto, intenté hablar con Dios. Ni siquiera sé si existe uno, pero creo que me escuchó; al menos así lo creo yo. Estoy segura de que el poder de mi recuperación está en MÍ. En nadie más.

Unos días antes había intentado llevar a cabo una escapatoria, pero no fui muy hábil y los policías de la entrada me agarraron antes de poder siquiera trepar la reja.

No es que VIVIR fuera un sitio horrible; al contrario, era demasiado bueno para ser un... ¿castigo? O sea, ¿sí estaba castigada? En el fondo, siempre pensaba que estar en esos lugares era un tipo de sanción, como para que "me cayera el veinte".

La única verdad es que el veinte no me cayó hasta muchísimo después; en ese momento, pensar en intentar escapar era un tipo de esperanza para volver a la vida real. En mi mente siempre pensaba: "¿A qué hora se acaba este castigo y puedo regresar a mi vida normal? ¿A qué hora puedo volver a consumir y seguir escondiendo que consumo para que nadie me moleste?".

La segunda vez que intenté escapar fui más cautelosa: analicé los movimientos de los policías por unos minutos. Cuando creí que era el momento correcto, caminé hacia la barda principal. La secuencia (de izquierda a derecha) iba así: barda, reja, barda, reja, barda, caseta de polis.

Empecé a trepar la última reja para llegar hasta arriba. Lo logré. Quién sabe cómo, pero lo logré. Ya estando arriba, en un pequeño techito con tejas (no sabría bien cómo describirlo, pero estaba altísimo), mi mente empezó a pensar a mil por hora. Ya estaba ahí y, por lo que veía, tenía solo dos opciones: una, pedirle a los policías que me ayudaran a bajar de regreso a la casa y, dos, saltar. Saltar y correr. Correr sin parar, como Forrest Gump, hasta que estuviera muy lejos y pedir *ride* a México, a mi casa (así lo formuló mi cabecita).

Somehow, saltar y correr me pareció en ese momento LA MEJOR IDEA DEL MUNDO. Entonces sonó un silbato: volteé y encontré a tres policías viéndome y a uno de los doctores gritando a lo lejos. También vi a muchos de mis compañeros cagados de la risa y comentando a lo lejos.

No salté.

La verdad es que sí me habría acomodado un putazo, si no es que me rompían las piernas. Tuvieron que llevar una escalera para bajarme. Me "castigaron": no podía salir de mi cuarto hasta el día siguiente. No podía fumar. Salí al balcón, prendí un cigarro y estrellé una taza de café por segunda vez en la pared. Nadie me peló.

EL GOLPE, PARTE 2

¿Se acuerdan que le dije a Eduardo que dejara en paz la vitrina con las medicinas más mágicas, que lo planeáramos bien y que regresáramos después?

Bueno, sí regresamos.

Pero no lo planeamos bien.

En esa segunda vez no pude abrir la puerta principal con el *clip* (según yo ya dominaba la técnica).

Uno de los cuidadores bajó y nos cachó con las manos en la masa.

Nuestra excusa fue "estamos buscando un *Nextel* para hablarle a la novia de Eduardo". Claro... buscando un *Nextel* en la puerta de la oficina con las medicinas.

A Eduardo se lo llevaron a un anexo. Según decían, era lo más cabrón que podían hacerte. Adentro de VIVIR era como si te platicaran una leyenda urbana: "Te echan cubetas de agua fría y no te dan de comer y duermes en el piso y te madrean y..."

Nunca supe si eso era verdad. Eduardo nunca regresó a VIVIR.

BULINIEVES Y LOS SIETE PECADOS

Teníamos cuatro horas para hacer, crear, planear y presentar una obra de teatro que iba a ser presentada frente a los doctores, terapeutas, cocineros, señoras de la limpieza y polis de la entrada.

Me nombraron "directora"; no sé por qué, pero me encantó la idea.

Los compañeros y yo queríamos hacer algo chistoso pero que a la vez tuviera algo que ver con nosotros. Fue un poco complicado porque éramos muchos, algunos más participativos y emocionados que otros.

Decidimos que la obra se llamaría *Bulinieves y los siete pecados*. Cada uno de los enanitos sería uno de los pecados capitales, que, bueno, se supone que en realidad eso es lo que representan los enanitos, aunque Disney no lo haga tan obvio. El objetivo de la obra era burlarnos de nosotros mismos, de nuestras adicciones y enfermedades.

Inventamos una canción que era con la que los enanitos salían a escena, ya saben, aquella de *Hi-Ho*, solo que la nuestra decía "*Hi-Ho, Hi-Ho*, nos vamos a sanar", seguida de unos chifliditos. Una chava con bulimia era Blanca Nieves. Uno de los internos, alcohólico, era Doc, el enanito principal. Otro que era *gay* y que lo único que quería era poder usar una estola, fue la madrastra/bruja malvada. Yo no actué, solo dirigí. Logramos crear un escenario muy interesante con los materiales que nos dieron, al igual que hacer vestuarios muy poco comunes. Nos divertimos muchísimo y lo mejor de todo es que logramos unirnos mucho como grupo. No hubo peleas ni discusiones; al contrario: pura buena actitud.

A todos les encantó la obra y me felicitaron por mi dirección.

WINONA

Uno de mis amores platónicos siempre ha sido Winona Ryder. Había una vieja que se parecía mucho a ella y claro que yo ya lo había notado.

"Entonces, ¿le entras a las drogas?", me preguntó Sandra.

¿Sandra? ¿Sara? ¿Samantha? Su nombre empezaba con "Sa", estoy casi segura.

"Mhm..."

"¿Y eres lesbiana como Ale?"

(Ale era una de nuestras compañeras).

"Mhm..."

No estaba segura si me estaba tirando el pedo, aunque todo parecía indicar que sí. Estábamos solas en el "cuarto de las mujeres".

Sa estaba recargada en la pared y no dejaba de hacerme preguntas. Aquella era la primera vez que hablábamos formalmente.

"Yo tengo novio", me dijo; "bueno, ya no estoy segura. Llevo un mes aquí y no sé nada de él. ¿Tú tienes novia?"

"No."

"Ah, *ok*. Tengo anorexia, pero ya sabías, ¿no?"

"Sí, me di cuenta por lo que dices en las terapias de grupo."

"Sí, creo que esta vieja me está tirando el pedo", pensé. "Está embarrada en la pared como esperando a que yo haga algo."

"¿Lo hago?", me pregunté.

Chingue su madre, voy.

Me acerqué sin decir nada y muy despacio, para poder huir con facilidad si sentía algún tipo de rechazo.

La agarré de la cintura y le planté un besote. Para mi sorpresa, Sa me regresó el beso y empezamos a besarnos sin parar. Empecé a tocarla y ella se dejó. Cuando intenté meter mi mano a su pantalón, me detuvo y me dijo: "¡No, pérate! Yo no soy lesbiana..."

"Me vale si no eres lesbiana, yo quiero coger", pensé.

Me empujó y se acercó a la puerta para salir.

"No le digas a nadie, porfa...", dijo. Cerró la puerta y se fue.

¿Y ahora? Pinche vieja, ¿por qué me deja así?

CÓMO SALIR DEL CLÓSET

Me di cuenta de que era *gay* como a los doce años. Los niños nunca llamaron mi atención: eran las niñas las que me ponían nerviosa y *a mí* me gustaba llamar su atención. A esa edad ni siquiera estás consciente de qué significa ser *gay*. Tuve novios en mi adolescencia, pero siempre dentro de mí estaba ese sentimiento, saber que yo no quería eso. Pero decidí no aceptarlo; más bien lo dejé pasar. Pensaba que tal vez era algo que con el tiempo se iba a desvanecer.

Cuando entré a la universidad, empecé a relacionarme con gente igual que yo. La mayoría de ellas/ellos ya estaban afuera del clóset. Yo decidí no hablar con mis papás al respecto; tal vez no era tan importante o eso pensé.

Para mi sorpresa, fue mi mamá la que me sacó del clóset.

Fue un día cuando yo hablaba por teléfono con alguien. Cuando colgué, me topé con mi mamá al levantarme.

"¿Ella es tu novia?"

Me quedé helada.

"Mmm... ¿qué? ¿De qué hablas? No..."

"*Ok*, pero... ¿tienes novia?"

Fuck, ¿qué hago?, ¿qué digo?

"No, mamá, neta no sé de qué hablas. Estás loca."

"Hija, lo único que quiero es que me digas la verdad. Aquí estoy..."

Mil cosas pasaron por mi cabeza. Unos meses atrás mis papás me citaron a una "junta familiar" cuya intención era sacarme del clóset.

Mi hermana ya sabía; se dio cuenta un tiempo atrás y me preguntó directamente:

"Ana, ¿eres *gay*?"

"Sí."

"Yo te amo, seas *gay* o no."

Yo sabía que con mis papás no iba a haber problema, pero de alguna manera sentía que no estaba lista para decírselos.

En la junta familiar abordaron el tema de la siguiente manera:

"Tu papá y yo creemos que tienes preferencias sexuales diferentes. Hemos notado que tus cantantes favoritas y tus ídolos son mujeres y te gustan películas muy feministas, de mujeres poco convencionales..."

Claro que se referían a *Kill Bill*, que en ese momento era una de mis películas favoritas y el personaje de Beatrix Kiddo me tenía idiotizada.

En ese momento negué todo. Pude ver la cara de decepción de mis papás; ellos solo necesitaban un "sí" de mi parte.

"Hija, lo único que quiero es que me digas la verdad, aquí estoy...", me dijo mi mamá de nuevo.

Ya no tenía por qué esconderlo más. Era demasiado obvio.

"Sí, Ma, soy *gay*."

En ese momento mi mamá me abrazó. Fue un abrazo intenso, lleno de amor y aceptación.

Me había quitado un peso de encima.

Ese mismo año nos fuimos a San Francisco para Navidad. Mis papás estaban tan fascinados con mi salida del clóset que mi mamá compró unos pines en una tienda en Castro (la zona *gay* de San Francisco) que decían *I'm proud of my gay daughter* y uno para mi hermana que, obvio, decía *I'm proud of my gay sister*, mismos que no se quitaron en todo el viaje.

Hasta la fecha, en el refri de mi casa hay un imán de una bandera *gay* que dice *Honor Diversity*.

"¿Cuándo vas a traer una novia a la casa?", era la pregunta eterna de mi mamá.

Yo no era de "llevar novias a casa"; en realidad yo buscaba todo lo contrario: nada de ataduras, puro desmadre. Tenía cosas más importantes en la cabeza, como seguir consumiendo. No quería que nadie interviniera en eso; no quería más problemas.

En uno de mis desmadres, al salir de un antro, completamente borracha, me subí a mi auto. Eran las dos de la mañana y yo ya iba tarde a casa; prendí el radio a todo volumen, sonaba *Survivor* de Destiny's Child.

Iba a tal velocidad que no me dio tiempo de frenar. El coche se patinó, el piso estaba mojado, estaba lloviendo.

Pegué con el camellón que dividía los carriles centrales de la lateral, el cual ponchó mis cuatro llantas. Me estrellé contra un poste y partí mi coche a la mitad. El poste casi se cayó encima de mí y la única parte que no se destrozó fue el asiento del conductor. Quedé inconsciente. Un señor me ayudó a salir y a hablarle por teléfono a una ambulancia y a mis papás. Después de eso, desapareció por completo. Creo que tal vez era algún tipo de ángel. A pesar de que mi coche fue pérdida total, mis heridas resultaron mínimas. A partir de ese día mis papás perdieron la confianza en mí y comencé a tener problemas con ellos. Empecé a mentirles más de lo que ya lo hacía.

PERDIDA

¿Alguna vez se han sentido completamente perdidos? Como en un laberinto, el cual recorren una y otra vez sin encontrar la salida. Por más que intentan hacer las cosas de una manera diferente, siempre llegan al mismo punto. Entonces ya no importa hacia dónde se muevan, porque saben que al final van a llegar al punto de partida. Ya no sientes nada. Vives y te mueves por inercia pero en realidad no estás viviendo. Te hablan pero ya no escuchas. Te tocan pero ya no sientes. Nada te llena y sientes que ya no hay nada que hacer o aprender. Monotonía. Esperas que los días pasen rápido, pero no logras ver un futuro cercano. Todo es negro.

Empecé a deprimirme en VIVIR: había días en los que no salía del cuarto. Algunos no tomaban sus pastillas y las guardaban para intercambiarlas. Como ya no estaba Eduardo, lo hacían conmigo. Buscaba a alguien que me diera pastillas; le ofrecía cigarros a cambio y tomaba cualquier cosa que me dieran. Ni siquiera preguntaba qué me daban.

Salí a caminar al jardín, buscando algo pero no sabía qué. Noté que uno de los árboles tenía espinas, espinas grandes. Estrellé mi brazo en el tronco del árbol y dejé que las espinas me lastimaran. De verdad no sentía nada. Empecé a hacerlo una y otra vez, moviendo mi brazo con rapidez hasta sangrar. No me dolía. Ya con el brazo destrozado y sangrante subí al baño y me metí a la regadera, con ropa. Hasta que el agua caliente cayó en mis heridas fue que empecé a sentir dolor. No lloré; al contrario: me gustaba sentir el dolor. De alguna manera, sentía que lo merecía.

EL MUERTO

Todos bajamos al sótano, en donde estaban algunas oficinas y bodegas. Ahí había un cuarto que siempre estaba cerrado. Siempre me preguntaba qué guardaban dentro.

Esta vez estaba abierto.

Nos acomodaron alrededor del cuarto, pegados a la pared. En el centro había lo que parecía un cuerpo cubierto con una sábana.

"¿Qué pedo? Súper *creepy*, ¿no?", le dije a Ale, que estaba junto a mí.

"*Güey*, no mames, ya sé...", me respondió, igual de sacada de onda que yo.

El lugar estaba alumbrado solo con velas, lo cual lo hacía *extra creepy*. Era como una fosa, una cueva, no sé. Era un "cuarto" muy raro y con un muerto en el centro, nada más.

Miss Claus y el Doctor entraron hasta el final y se acomodaron en el centro del cuarto, junto al muerto.

Traían un *speech* preparado; la verdad es que no escuché casi nada, no puse atención. Solo esperaba el momento en que dijeran: "¡Miren al muerto!" y quitaran la sábana. Después de un rato, el *speech* se acabó. Nos pidieron que uno por uno, por orden, pasáramos al frente y levantáramos la sábana para ver la cara del muerto.

"No mames, Ale, me estoy cagando de miedo..."

Nos pidieron que, una vez que lo viéramos, regresáramos a nuestro lugar con la cabeza agachada, sin hacer contacto visual con nuestros compañeros.

Yo era de las últimas, así que me di a la tarea de analizar la cara de mis compañeros. Cuando pasó el primero su cara fue indescriptible. Se quedó enfrente del muerto unos segundos y regresó a su lugar con la cara agachada, como nos pidieron. Muchos lloraron, otros se alejaron rápido y algunos se quedaron viéndolo mucho tiempo. Yo no sabía qué pensar. Cuando fue mi turno, estaba muerta de miedo. Temblaba. Nunca había visto un cuerpo muerto, ¡y mucho menos su cara!

Levanté la sábana despacio. Dejé de temblar unos segundos y puedo jurar que dejé de respirar cuando vi lo que estaba debajo de la sábana. Ver su cara fue impactante. Era una mujer de pestañas largas, pecas, boca y nariz chiquita, pelo castaño corto... era... YO.

Lo que estaba debajo de la sábana era un espejo.

Hasta la fecha no entiendo del todo el objetivo de esa sesión. Creo que la parte que sí entendí fue "este puedes ser tú si sigues haciendo pendejadas".

No sé. Funcionó en el sentido de que nos sacaron un pedote a todos. Fue muy impactante porque ninguno de nosotros se lo esperaba.

Pero en mis planes no estaba morirme y mucho menos dejar de "hacer pendejadas". Yo solo quería salir de ese lugar, regresar a mi casa, a mi vida normal, y que nadie me molestara ni me juzgara.

LA LOCA

Empecé a faltar a las terapias. Yo tenía mi propia terapia y me funcionaba perfectamente. No necesitaba ayuda de nadie. Tenía un *sketch-book*, pinturas, pinceles, carboncillo... tenía todo lo que necesitaba.

Desde que Eduardo se fue comencé a separarme del grupo; casi no hablaba con nadie, me aislé. Encontré nuevos amigos.

Más allá de los establos había una malla que separaba VIVIR de una casa. En esa casa habitaban tres perros, guapos todos. Ellos se convirtieron pronto en mis amigos. Como ya dije anteriormente, cruzaba la malla y me sentaba en uno de los columpios que había ahí. Claro que era propiedad privada, pero nunca me importó. Ya nada me importaba. Nunca nadie salió a decirme nada; es probable que pensaran: "deja que la loquita hable con nuestros perros, no le hace daño a nadie...".

Jabugo, *Jackson* y *Pandiu*. No sé de dónde saqué esos nombres, pero así los apodé. Cuando me veían cruzar la valla (generalmente acababa con muchos rasguños pero no me importaba; al contrario), llegaban a saludarme. Escribía y dibujaba. A veces leía, ahí sentada en los columpios y a veces en el pasto.

Mrs. Claus y el Doctor nunca me dijeron nada, a pesar de que, estoy segura, ya sabían adónde iba. Claro que notaban que no asistía a las actividades obligatorias pero, una vez más, recibía un trato especial sin siquiera pedirlo.

En general me llevaba bien con mis compañeros. Creo que pronto se dieron cuenta de que me gustaba estar sola, pero cuando estaba cerca me incluían en sus pláticas.

Había otra chava que se excluía, pero a ella le decían *La Loca*, y sí, creo que estaba loca. Jamás había cruzado palabra con ella, aunque dormíamos en el mismo cuarto; de hecho, ella fue la primera que entró al cuarto cuando recién llegué, ¿se acuerdan? La que prendió un cigarro dentro del cuarto y escuchaba rock en su *iPod*. Ella.

La veíamos caminar por todo el jardín, hablando sola. Tal vez si mis compañeros me hubieran visto hablar con mis amigos perros, hubieran pensado lo mismo. Pero con ella era diferente. Era como si sostuviera una conversación y adoptara las dos personalidades; incluso se cambiaba de lugar cuando se contestaba a ella misma. Después supimos que era esquizofrénica y que había consumido tantas drogas que se quedó en el viaje. Quién sabe qué viaje traía, pero estoy segura de que no era uno bonito. A veces hacíamos contacto visual y podía ver en su mirada a una persona sana atrapada adentro de ella. Sentía que necesitaba ayuda y varias veces intenté hablar con ella, pero simplemente se volteaba y seguía hablando con ella misma.

Trataba de escribirle a diario a mi hermana, pero no sabía si mis cartas iban a llegarle, no teníamos visitas y no iba a poder verla por durante al menos 28 días. Aun así le escribí lo siguiente:

> Herma,
> *Shatzi* y *Millie* son mis amigas; a *Millie* generalmente la encierran porque se escapa, la boba. También tengo otros tres amigos que viven en una casa que está atrás de los establos. Me gusta mucho platicar con ellos.
> Hay una psicóloga muy guapi, se llama Gloria, pero debo aceptar que extraño muchísimo a Mich. Demasiado...
> *Fuck*, acaba de voltear a verme la vieja *creepy*... le decimos *La Loca* y sí, está bien pinche *cucu*.

Me saqué un pedote cuando entré al cuarto y vi a *La Loca* con una cuerda, haciéndole un nudo con forma de "ahorcación".

"Esta vieja se va a colgar y yo aquí viéndola", pensé.

"Oye, ¿para qué quieres esa cuerda?", le pregunté. "¿De dónde la sacaste?"

La mujer no hablaba, ya me había quedado claro eso. No sabíamos si era muda o simplemente no quería/podía.

Entraron las demás al cuarto y me sentí más tranquila: al menos no iba a presenciar el suicidio yo sola.

"*Güey*, deja esa cuerda..."

"¿Qué haces?"

"Vamos a llamar al Doctor, ¿eh?"

La Loca (no me gusta decirle así, pero nunca supe su nombre real) volteó a vernos y nos dijo:

"No sean pendejas: es una cuerda para saltar."
Wow! She talks!
Se levantó, deshizo el nudo y empezó a saltar la cuerda.
No wonder we called her La Loca.

MI FAMILIA

Por lo general todos hacíamos yoga en las mañanas. Yo asistí a la clase un par de veces y las demás me escapaba y caminaba por todo el jardín con *Shatzi*. Ella me seguía a todos lados.

"¿Sabes, *Shatzi?* Yo tengo un perro salchicha que se llama *Bullet*. Tiene otros apodos: *Bubba, Bubbet, Perro niña, Prince of Persia, Il Vigilant...*"

Shatzi, Millie y yo hicimos *clic* luego-luego. Según yo, siempre he tenido una conexión especial con los animales, más con los perros. Es inevitable para mí acercarme a presentarme y tener una *small talk* con cualquier mascota que esté en el mismo lugar que yo. Obviamente sentí un gran alivio cuando vi que una perrita *golden* y una *hush puppies...* ¿qué raza son esos? ¿sabuesos? No, *basset hound*. Una *golden* y una *basset hound* eran las mascotas de VIVIR. Por supuesto me presenté y supe que íbamos a llevarnos bien desde ese momento. Los lenguetazos y bailoteos moviendo la cola nunca mienten.

"No sé si te caería bien *Bullet*", seguí diciéndole a *Shatzi*, "es un poco gruñón, pero ya que llegas a conocerlo bien, es buena gente. Lo extraño."

No solo extrañaba a *Bullet*. Mi familia siempre ha sido lo más importante para mí. Tenemos un dicho entre nosotros que es: "lo importante es la familia; todos los demás son extraños".

Mi mamá: creo que la mayoría de los problemas que hemos tenido es porque somos peligrosamente parecidas. Tengo tantas cosas de ella que a veces me asusto. No todas son malas, al contrario. Mi mamá es una verdadera *fighter*. Tiene tantas cosas buenas en ella de las cuales ni siquiera está consciente. También es una de las personas más chistosas que conozco, ¡y lo mejor es que tampoco está consciente de eso!

Así como puede hacerme enojar, puede hacer que me haga pipí de la risa. Mi mamá es la mujer más hermosa del mundo; ya sé, muchas personas dicen eso de sus madres, pero la mía de verdad lo es.

Mi papá: creo que es la persona más inteligente que conozco. Puede platicar sobre cualquier tema sin problema alguno, le gira la pelona muy cabrón. "El Pelón", le decimos. Hablando de *fighters*... poca gente puede salir de una adicción porque así lo decidió. Poca gente puede tener los huevos y la fortaleza de decir "a partir de HOY no voy a tomar más...", y así fue. Hasta la fecha, ni una gota de alcohol ha vuelto a probar. Mi papá es el hombre más guapo que existe. Bueno, no es el más más guapo. Para ser sincera es flaquito y pelón pero, para mí, es muy guapo.

Mi hermana, ¿cómo describir lo que Carla significa para mí? Bueno, no es tan difícil. Creo que una de las razones por las que estoy en este mundo es para cuidarla y, si no para cuidarla, para acompañarla. Aunque creo que no he hecho bien mi trabajo como hermana mayor. A veces siento que es al revés: ella me cuida, es mi ángel de la guarda. Somos tan diferentes y tan parecidas a la vez. Con nadie más puedo ver películas malas de terror como con ella, tipo *Pinocho el muñeco asesino* o *Killer Klowns from Outer Space* o *The Gingerdead Man*. ¿Quién no ama a una galleta de jengibre asesina? Carla y yo entendemos cosas que muchas personas no entenderían. Suena trillado, pero de verdad podemos vernos a los ojos y saber lo que la otra está pensando.

Supongo que esta es la parte sentimental del libro (no lloren). No voy a hacerla más larga. No es necesario. Para mí, ellos son mi *silver lining*, ese rayito de luz que se ve cuando todo está negro.

DESPEDIDA (INESPERADA)

Para estas alturas aún no sabía con exactitud cuál era mi problema, cuál era el problema de los demás conmigo y por qué tenía que estar internada. Todavía pensaba que todos estaban exagerando y que querían buscar algo que ni siquiera estaba ahí.

Ok, sí chupo de más, pero... a esta edad, todos chupan de más. *Ok*, sí me automedico y abuso un poco, tal vez mucho de las pastillas y de los medicamentos pero mucha gente lo hace, ¿no? *Ok*, sí pruebo de vez en cuando una que otra droga ilegal pero puedo controlarlo; puedo hacerlo en el momento en que yo lo decida. ¿Ese es todo el pedo? ¿Por eso estoy internada?

Inevitablemente la cosa se puso más cabrona en el momento en que *Mrs. Claus* y el Doctor, con ayuda de otras terapeutas en VIVIR, decidieron darles un diagnóstico a mis papás.

Borderline Personality Disorder. Por supuesto que yo no me enteré de esto hasta mucho tiempo después.

Estaba pintando, como de costumbre, aislada de todos: éramos mis pinturas, mi *sketchbook* y yo. Me entró mi etapa de Picasso con un poco de Pollock. Ni siquiera me gusta Picasso, pero descubrí que tenía una gran facilidad para el arte abstracto. Colores, colores, colores, salpicones, plastas, ninguna secuencia, pero me encantaba. Mi *sketchbook* no era suficiente, era muy pequeño. Yo necesitaba un mural, necesitaba una Capilla Sixtina. Ya tenía prohibidas las paredes pero..., no me prohibieron los ventanales, ¿o sí?

El primer salpicón fue azul, seguido de uno verde, luego rosa, luego amarillo. ¡Me encantaba! ¡Era la mejor obra de arte que alguien podría hacer!

No necesitaba pinceles; de hecho, nunca me han gustado los pinceles: tengo manos y con eso es más que suficiente. Vaciaba los frasquitos de pintura en mis manos y dedos: rosa, verde, amarillo, rojo, blanco, azul, morado; todos los colores que tenía. ¿Qué hago con el negro? "No quiero plastas negras en mi obra", pensé. ¡Un mensaje! Tomé un pincel grueso y comencé a escribir con letras grandes:

I WANT TO GO HOME, ASSHOLES!

¡Listo! Ese era mi mensaje completo. Eso era lo que quería expresar. Creo que ni siquiera lo pensé bien. Fue lo primero que llegó a mi cabeza, así que supongo que era real.

Me quedé ahí parada, frente a de mi obra, esperando a que alguien se diera cuenta de lo que había hecho.

Uno de los polis que estaba haciendo guardia en los jardines se dio cuenta.

"¿Qué hiciste, Ana?", me dijo. Ya me conocía, gracias a mis intentos de escape. A veces me iba a la entrada a platicar con ellos; él era buena gente pero también tenía que hacer su trabajo.

"Es que ya me quiero ir...", le dije.

Movió la cabeza con desaprobación, se dio la media vuelta y se fue. No pasaron ni tres minutos cuando *Mrs. Claus*, el Doctor y una de las terapeutas llegaron a apreciar mi gran obra de arte. Yo ya no estaba ahí. En cuanto vi que se aproximaban me fui a los establos. Uno, dos, tres cigarros me fumé y esperé a que alguien fuera por mí. Cuando noté que nadie tenía la intención de buscarme, regresé a la casa y *Mrs. Claus* me llevó al consultorio principal.

"Ana, ya les hablamos a tus papás", me dijo; "si lo que quieres es irte, nosotros no podemos hacer que te quedes..."

¡Lo había logrado! Al fin iba a ir a mi casa. Todo había acabado.

"Pero tienes que limpiar el ventanal."

Me dieron una cubeta con agua y trapos, y con mi *iPod* puesto empecé a deshacer mi gran obra. Ya no me importaba: había logrado lo que quería.

Cuando terminé, me di cuenta de que todas mis cosas estaban en la entrada de la casa. Busqué pronto a mis papás; seguro que ya estaban ahí para llevarme a casa.

Para mi sorpresa, no estaban mis papás, ni mi hermana ni nadie conocido.

"Siéntate aquí, ahorita vienen por ti."

Ah, ya vienen en camino. Uno, dos, tres, cuatro cigarros me fumé. Y a lo lejos vi cómo la reja se abría. Una *Eurovan* se acercaba a la entrada. ¿Una *Eurovan*? Mis papás no tienen ese coche. ¿Dónde están mis papás? ¿Qué pedo?

Dos gorilas se bajaron de la camioneta, dos hombres enormes con un uniforme blanco y un logotipo grabado en él.

Era el logotipo del Hospital Peninsular, lo reconocí al instante.

Todos mis compañeros estaban ya afuera conmigo; empezaron a despedirse de mí, pero yo estaba muy confundida. No escuchaba nada de lo que me decían. Estaba enojada.

¿Dónde está mi familia? ¿Por qué hay dos tipos esperándome?

Los gorilas subieron mis cosas a la *Eurovan*.

Miss Claus se acercó:

"Lo siento mucho, Ana. De verdad espero que te vaya muy bien."

Yo no dije nada. En ningún momento. No le dije nada a nadie. Ni siquiera un "adiós".

Uno de los gorilas agarró mi brazo e intentó jalarme para ayudarme a subir a la camioneta. "Yo puedo sola, *¿ok?*", le dije de una manera muy grosera. Los gorilas se subieron después que yo y se sentaron frente a mí. Cerraron la puerta de la camioneta.

"Ya", le dijeron al conductor, el cual encendió el motor y aceleró.

Cruzamos la reja de VIVIR y vi cómo nos alejábamos poco a poco y tomábamos la carretera de regreso a México.

En mi cabeza solo rondaba la idea de "tengo que salir de aquí". Los gorilas platicaban entre ellos como si yo no estuviera ahí. Uno empezó a jugar con su celular. Pensé que sería el momento adecuado para intentar salir de la camioneta. Claro que no tomé en cuenta que íbamos en carretera a más de 120 km/h. Me quité el cinturón con una rapidez inexplicable y me paré intentando abrir la puerta. Estaba tan nerviosa que no pude acabar de quitar el seguro.

¿Qué iba a hacer? ¿Saltar a la carretera y darme en la madre?

Uno de los gorilas me tomó de los brazos. "¡Suéltame! ¡Me lastimas!", le dije, y sí, me lastimaban sus manotas asquerosas que me apretaban.

"Siéntate y quédate donde estás", me dijo. "Mira, podemos hacer esto por las buenas o por las malas; todavía queda un buen rato para llegar a nuestro destino. ¿Cómo va a ser la cosa? ¿Quieres pelear todo el camino? Porque somos dos contra una. ¿CÓMO VA A SER?", gritó.

"Por las buenas", contesté con la cabeza agachada y completamente derrotada.

Derrotada.

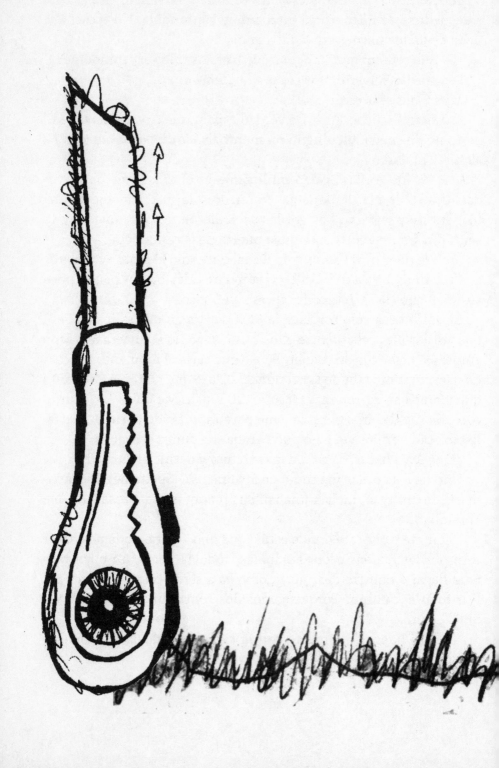

TRES

capítulo

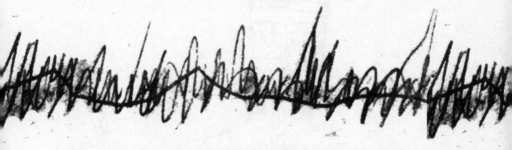

PABELLÓN 9, PSIQUIATRÍA: ENTRADAS DE MI DIARIO, PARTE 1

Lo siguiente, tomado de mi diario:

6 de noviembre de 2008:

Bienvenida, *early morning* me recogen en VIVIR unos gorilas en una *Eurovan* y me traen acá. Me recibe el *Doctor Dios* con mis papás. Esperé horas, no sé qué estaban arreglando. Fumé como loca y también lloré mucho cuando vi a mis papás. Veo en su cara cada vez más decepción y ya no sé qué hacer para que las cosas salgan bien.

Ahorita estoy en mi cuarto. No está nada mal; al menos estoy sola y tengo privacidad pero no deja de ser un cuarto de un loquero, raro.

Me preocupa mi manera de fumar, ¿será la ansiedad? *What the fuck!?* ¡Es uno tras otro!

Me dieron quince gotas de *Rivotril* para calmarme. Yo quería más. Quince no es ni madres. Tengo que ver la manera de conseguir más.

9 de noviembre de 2008:

Estoy viendo cómo es el pedo aquí. Ahora sí estoy en un pinche loquero y no mamadas. Pasillos y pasillos con cuartos y un cuadrito de jardín con apenas poquito pasto para salir a fumar y tomar un poco de sol (yo odio el sol).

Ehm... a veces me siento flotando, como en un sueño... pero lo más cagado es que me siento así cuando NO estoy dopada, o sea, cuando estoy 100% consciente. Entonces me pregunto si todo será un sueño y en una de esas voy a despertar en mi cama, en mi casa.

El *Doctor Dios* y el Dr. L (mis psiquiatras) están muy al pendiente... yo sí me quiero curar (¿"curar" de qué?), pero quiero que me den bien mis dosis de medicamentos; un poco más de *Rivotril*. Ojalá pudiera comprarles *Rivotril* y pastillas a las enfermeras.

PD: Sí hay gente bien rara aquí. Chale.

10 de noviembre de 2008:

Ok. El pedo aquí está así...

Te despiertas a la hora que quieras. Yo me he despertado un día a las 5 am, otro a las 4 am, otro a las 6 y otro a las 8. Me está costando mucho trabajo dormir. ¿Qué pedo? ¿Es una maldición? Porque me despierto en punto, o sea, 6:00, 5:00, 4:00... ni un minuto más ni uno menos. Un poco *creepy*.

Llega el desayuno a tu cuarto; haces lo que quieras toda la mañana; llega la comida a tu cuarto; haces lo que quieras toda la tarde; llega la cena a tu cuarto y te duermes. ¿Qué tal, eh? DE HUEVA. Porque no hay "qué hacer", más que caminar por los pasillos como *zombie* y salir al mini jardín a fumar. Ver TV, pero me caga ver la tele. Leer, pintar, escuchar tu *iPod (which I reeealy love) aaaaand that's it*. No hay nada más.

En CRM estaban las robots. ¡Aquí tengo una robot para mí solita! Les dicen "cuidadoras", no sé de qué me tiene que "cuidar"; probablemente de mí misma, no sé. ¡Tengo una en el día y una en la noche! La del día es mi guarura, no se separa de mí ni un segundo: hasta cuando voy al baño se queda afuera de la puerta (la cual no puedo cerrar por completo) esperando y la de noche duerme en un sillón en mi cuarto, al lado de mi cama.

No sé qué putas me pasa, no sé ni siquiera por qué estoy aquí. Hace rato un señor de aquí que es bipolar me preguntó la pregunta ("me preguntó la pregunta", ¡ja! Mal, muy mal escrito) clave: "¿Y tú por qué estás aquí?". ¿Qué le contestaba? No tengo ni puta idea. ¿Creen que estoy loca? Digo, porque para meterme a un psiquíatrico han de pensar eso. ¿Abuso de medicamentos? Pero no es un *rehab center*. ¿Me corto? "Soy muy impulsiva", le contesté.

11 de noviembre de 2008:

Me pusieron una inyección para dormirme, así como a King Kong que le echan cloroformo. Según esto, estaba siendo muy agresiva y estaba haciendo mucho desmadre. Ni siquiera me acuerdo bien. Yo solo quería salir a Covadonga a ver a mi Tita (Covadonga es el lugar en donde viven los viejitos, aquí en el Hospital Peninsular). No iba a escaparme del hospital ni nada, solo quería ver a mi Tita o simplemente darme una vuelta afuera del pinche pabellón de locos. Creo que sí me puse un poco pendeja, pero estaba muy ansiosa. No me quieren dar nada para calmarme (excepto por la inyección que me tumbó por completo).

No solo me inyectaron: me amarraron a la cama. ¡Sí! Me amarraron. No me dolió el piquete. El dolor vino después: sentía como si me estuvieran quemando la nalga con un encendedor. Ahorita hay un mono afuera de mi cuarto, uno de los que me amarró. Eran tres.

12 de noviembre de 2008:

Entonces... *BORDERLINE PERSONALITY DISORDER.* Ya es oficial. En VIVIR lo proclamaron y ahora ya vino el *Doctor Dios* a decirme que ese es mi diagnóstico. Eso es lo que tengo. BPD (así lo abrevian). BPD, BPD, BPD, BPD, BPD, BPD... No sé qué signifique "tener" eso, pero al menos ya sé su nombre. BPD.

14 de noviembre de 2008:

No sé cómo describir todo esto. Ahora sí me siento dopada todo el tiempo. Pero no dopada como me gusta. Ayer tuve que dormirme toda la tarde porque caminaba en zig-zag y tenía ganas de vomitar; casi guacareo en el pasillo.

Creo que me subieron la dosis o me cambiaron de medicamento, ¿será por lo del otro día? Cuando me amarraron y demás... sí me puse un poquito agresiva pero tenía que defenderme.

Unos doctores dicen que sí es por el medicamento, pero el Dr. L dice que no hay razón para que esté mareada. *Explain that!?*

Hay veces que me siento más apendejada que otras, es raro. Me gustaría escribir todo lo que veo y todo lo que me pasa pero por alguna extraña razón no me dan muchas ganas. Y ahorita que escribo, me da hueva, veo todo borroso y hasta mi letra es distinta. Confundo palabras y escribo todo al revés como si fuera disléxica.

Hay una señora que se llama Pilar que camina por los pasillos con su cuidadora en turno, sollozando y de verdad berreando: "¡Mi familia! ¡La he perdido! ¡Me abandonaron! ¡Ya no me quieren!" y cosas por el estilo. De verdad me parte el corazón. Ya tiene una joroba, por la postura encorvada que ha adoptado, y tiene una cara de tristeza indescriptible.

Si caminas junto a ella, te agarra del brazo y empieza a llorarte y a decirte cosas a ti.

El otro día, cuando me interceptó en el pasillo, simplemente la abracé. La abracé fuerte y le acaricié la cabeza. Sin decir nada. Ella tampoco dijo nada, solo lloraba.

Ahora cada vez que me ve en los pasillos me dice "gracias". Con cara de tristeza, porque creo que ya no recuerda cómo sonreír.

Me he encargado de hacerle decoraciones al jardín. Es que de verdad no hay nada que hacer y me muero de la aburrición. Agarro las macetas con plantas de plástico que tienen en el salón de TV y las saco al mini jardín. Pero las han quitado dos veces. Pinté el tronco del árbol con muchos colores; me encanta cómo se ve. También pinté las macetas. A esto me ayudó mi nueva amiga, Azul, así se llama, tiene trece años y me da un poco de miedo. Es rara y ahora ya no se me separa. Es una súper suicida, odia todo y está triste todo el tiempo. Yo digo que es la edad. Yo siempre le digo que tiene muchas cosas por delante, que apenas tiene trece años y que no se dé por vencida.

Pedro es un señor bipolar. A él le vale madres todo. "Yo digo todo al chile; me caga darle vueltas a las cosas." Me cae bien, pero puede ser muy agresivo. Una vez, cuando Pilar lo interceptó en el pasillo para sollozarle, Pedro le gritó: "¡Ay ya, Pilar! ¡Deja de exagerar! ¡Tu familia te abandonó porque eres una llorona!". Se la mamó.

Doña Carola es mi amiga también; ella y yo jugamos UNO y dominó cubano. Doña Carola ya está grande, tiene setenta años y la verdad es que no sé por qué está aquí, no me he atrevido a preguntarle. Algunas tardes sus amigas la han venido a visitar y me han invitado a jugar con ellas.

BORDER

*B*orderline *Personality Disorder* o, en español, personalidad limítrofe. ¿Qué es eso? ¿Y por qué dicen que ESE es mi diagnóstico? ¿Por qué tenían que "diagnosticarme" algo? No tenían por qué hacerlo.

Tiempo después me enteré de lo que eso significaba.

Es un trastorno de la personalidad (obvio, eso lo dice hasta el nombre). Es un patrón de inestabilidad en las relaciones interpersonales, la afectividad y autoimagen, además de una notable impulsividad (¿qué no un chingo de personas sufren de eso? ¿Qué no todos son "*borderlines*"?).

Las personas con este trastorno experimentan cambios de ánimo inconstantes y extremos (según yo, se llama "estar en tus días"); nunca están (¿o "estamos"?) en neutral, por así decirlo. Somos extremistas: podemos pasar de un sentimiento a otro en segundos. Creemos que necesitamos más atención que la que se nos da. Somos intolerantes a la soledad; somos personas 100% impulsivas en todas las áreas; tenemos sentimientos constantes de vacío, una irritabilidad extrema e inapropiada (*ok,* sí me molesta cuando la gente mastica ruidosamente pero, ¿a quién no?); conductas autodestructivas como intentos de suicidio, automutilación y consumo de drogas; somos personas inconstantes y desorganizadas. En esta última no estoy muy de acuerdo: "inconstante" tal vez, pero "desorganizada" nunca; al contrario, creo que mi obsesión con la limpieza y el orden podrían ser fácilmente confundidas con algún tipo de trastorno obsesivo compulsivo, pero nunca he querido profundizar mucho en eso. Supongo que todos tienen sus maneras de controlarse. A mí me funciona ser un poquito más organizada que lo normal.

Si me siento un poco fuera de control conmigo misma, tal vez al controlar o tratar de arreglar cosas que están a mi alrededor (incluso personas), me siento más tranquila. Aunque sean peluches: los personajes de Alicia van todos juntos, *Penny* duerme conmigo, pero todos los demás también tienen que estar cómodos para dormir.

No puedes meter una cuchara con salsa roja en la salsa verde, ¿no? *It's just not right!* ¿Por qué no agarrar otra cuchara? ¿Por qué hacerme enojar?

Yo no sé si la gente con la que convivo tiene un altavoz en la boca al masticar, pero de verdad puedo escuchar crujir y hacer sonidos asquerosos con todo lo que entra a su boca. Tal vez tengo oído biónico o tal vez simplemente soy mamona, no lo sé.

Ok, tal vez vomitar tan seguido no sea tan normal. Incluso no poder controlarlo. Cualquier olor ligeramente desagradable, cualquier cosa con textura "chistosa" me provoca una ansiedad extrema que después me lleva al vómito. Eso sí no sabría cómo explicarlo bien o, más que explicarlo, pensar en alguna excusa.

Sí, siempre fue más fácil consumir algo antes que estar sola con mis pensamientos. Y nunca encontré la manera de hacerlo sin autosabotearme.

Siempre he sido muy soñadora; literalmente, sueño mucho. Y no sueños "normales" (aunque creo que es raro un sueño normal; casi siempre hay algo que nomás no encaja con todo lo demás).

Un cerdo con uniforme. Hasta la fecha no logro descifrar esa pesadilla: soñé un cerdo parado en dos patas, un cerdo que parecía humano y vestía uniforme de la SS. Estaba sentado en una mesa, en algún tipo de fábrica llena de cajas. Yo me escondía detrás de una gran pila de estas cajas y en cada una de ellas había una persona. Al cerdo se le caían los dientes cada vez que hablaba. Sus ayudantes puercos le ponían una caja enfrente y el maldito agarraba un hacha y la partía a la mitad (con la persona adentro, claro).

La mesa se llenaba de sangre.

Los ayudantes la retiraban y ponían otra más. Nunca supe si me partieron a la mitad porque sonó mi despertador. Supongo que me salvé.

Pulpos gigantes, marcianos y criaturas extrañísimas. Mis sueños siempre han sido algo *disturbing*. No todos son malos; hay buenos también, pero generalmente recuerdo más las pesadillas.

He peleado varias veces con la pared, dormida. He despertado con moretones y con los nudillos de las manos rojos de tanto pelear.

¿Alguna vez han sentido electricidad en todo su cuerpo? ¿En las manos, las piernas, la cabeza, el pecho, pero sobre todo en las manos? No hablo del tipo de electricidad como cuando tienes un orgasmo. Es una mucho más fuerte. No es agradable sentir que tienes algo dentro que en cualquier momento puede explotar. Las yemas de tus dedos sudan y tienes que apretar los puños porque sientes que en cualquier momento todo va a salir por la punta de tus dedos. Empiezas a temblar y a sudar. Lloras sin poder controlarlo. Buscas algo a tu alrededor pero no sabes qué, no puedes pensar con claridad. Tratas de encontrar una solución, sientes que en cualquier momento vas a caer al piso, muerta. Estás esperando el momento en el que tu corazón explote porque ya no puede más. Abres el cajón de tu buró, tomas tu cúter y tratas de detener tu mano porque tiembla demasiado. Pasas el cúter por tu piel una vez. No sientes nada y lo pasas una segunda vez, apretando más fuerte. Ves la sangre salir de la cortada pero sigues sin sentir nada. Cortas una tercera, una cuarta, una quinta vez. De pronto, todo comienza a disminuir: la electricidad, la sudoración, la temblorina, la taquicardia. Poco a poco, mientras la sangre corre, todo se va esfumando. Esperas con el cúter en la mano. No lo sueltas, solo observas y esperas.

Se acabó, ya no sientes nada más. Solo unas profundas ganas de vomitar. Vas al baño, vomitas un líquido amarillo y amargo que te quema la garganta.

Merthiolate y algodón para las cortadas, alcohol para limpiar el cúter. Ya pasó todo, lograste no explotar pero, sobre todo, lograste sobrevivir.

Metía un cinturón en mi morral. Ni siquiera uso cinturones, pero la primera vez lo metí sin pensarlo dos veces. Tenía dinero en la bolsa, ese no era el problema. Simplemente tenía que hacerlo, se sentía bien. Era un *rush* inexplicable entrar a una tienda y, como si fuera a asaltarla, lo primero que buscaba eran las cámaras y los policías (si es que había). Empecé a usar ese cinturón casi diario.

Comencé a robar cosas que ni siquiera me gustaban y que ni siquiera necesitaba. Cada vez que cruzaba la entrada de una tienda con algo en mi morral, sentía una gran satisfacción. Me sentía *chingona*.

Lo hice demasiadas veces hasta el día en que me cacharon. Jamás lo he vuelto a hacer.

En Costco, metí tres series de televisión a mi morral. Una de ellas ya la tenía, *Heroes*, pero ese no era el punto sino demostrar una vez más que era una chingona y que nadie se daba cuenta de mis robos. Crucé la entrada, una vez más sintiéndome victoriosa, cuando tres policías me agarraron de los brazos y me pegaron contra la pared.

Había valido madres: sacaron las series de mi morral, un grupo enorme de personas alrededor de mí, viéndome como si fuera una ladrona.

Bueno, sí era una ladrona.

Estaban a punto de llevarme a no sé dónde, cuando mi mamá llegó y explicó a los policías que estaba bajo tratamiento, que no pensaba bien las cosas y no sé qué más se habrá sacado de la manga. Me dejaron ir.

"¿Cuánto tiempo llevas haciendo esto?", me dijo ya en el coche mi mamá.

Muy emputada, por cierto.

"Es la primera vez, Ma."

Ella me volteó a ver con cara de: ¿crees que soy pendeja?

"Hubiera dejado que te llevaran. Te juro que si lo vuelves a hacer, no te voy a defender."

Y no, no lo volví a hacer.

EL JUEGO

Esta es una parte un poco difícil de explicar. En mi estancia en el Pabellón 9 me pasó algo extraño.

Recorría los pasillos del psiquiátrico pensando o, más bien, sintiendo que estaba en un videojuego. Sí, yo era el personaje principal y todo a mi alrededor era peligroso. Tal vez era Mario y mi cuidadora Luigi, porque siempre estaba detrás de mí. A veces, todo se veía en cámara lenta, como si el videojuego estuviera trabado. Yo trataba de moverme pero no podía hacerlo.

Varias veces intenté decirles esto a las enfermeras, las cuales, por supuesto, me daban el avión y me decían que me fuera a mi cuarto. Traté de explicárselo a mi cuidadora, la cual me daba más cuerda y me decía que me entendía perfectamente. Cuando esto me empezó a pasar todos los días, me asusté. Mis ojos no veían otra cosa más que un videojuego. Hasta empecé a ver las cosas pixeladas. No sabía qué era lo que estaba pasando en mi cabeza e intenté decírselo a mi doctor, quien solo me dijo que me tranquilizara, que probablemente era alguna medicina que estaba haciendo cortocircuito en combinación con otra.

Ya no quería estar en este videojuego, ya no era divertido. Sentía que todos mis movimientos estaban cortados, como en un videojuego de *Atari* o del primer *Nintendo*. Hasta voltear la cabeza me tomaba tiempo. Cada movimiento lo lograba con una pausa.

La segunda vez que le comenté esto a mi doctor, me hizo un chequeo: me tocó y me analizó toda. Me vio los ojos, los cuales sentía que estaban extraviados pero no dejaban de moverse.

"Sus pupilas están dilatadas y sus ojos no dejan de moverse..."

¿Qué significa eso? ¡Espera! ¡Yo quiero saber!

Pero las palabras no lograban salir de mi boca.

El doctor volteó a ver a la enfermera y a una de las internas y les dijo: "tiene no-sé-qué". No logré distinguir qué había dicho.

¿Qué tengo? ¿Puedes repetirlo? ¿Cómo y cuándo se me va a quitar?

"Suspéndele el no-sé-qué-medicamento."

Al cabo de dos días la sensación de estar adentro de un videojuego fue disminuyendo. Empezaba a sentirme más consciente y todo volvía a la normalidad; bueno, nada era normal en esos momentos pero al menos era yo de nuevo.

Después de muchos días de estar en el Pabellón 9, empecé a sentir un miedo terrible. Pensé: "Si paso más tiempo aquí, me voy a volver loca como Pilar, la señora que solloza por los pasillos y nadie pela ya".

Empezaba a sentirme cada vez más agresiva y con más intentos de escape. Ahí era imposible escapar. La puerta principal estaba a un lado de la estación de enfermeras. Era una puerta eléctrica que solo abría con un botón al que solo tenía acceso el personal.

Varias veces intenté cruzarla: esperaba a que la abrieran y corría rápidamente, pero nunca llegaba a tiempo. Siempre me detenía algún monigote o el poli de la entrada. Generalmente me mandaban a mi cuarto. Sí, mi cuidadora y yo, solas en mi habitación, sin nada que hacer. Odiaba la TV, aún la odio; ya si la llego a prender es porque realmente estoy muy aburrida.

Otras dos veces me gané que me amarraran a la cama. En una sí pude soltarme: mi cuidadora se quedó dormida y yo, como he visto tantas películas, fui intentando zafarme al estilo *Charlie's Angels*, pero sin el encendedor. Mis muñecas quedaron marcadas.

"Mira, Ana, entre mejor te portes, más rápido vas a salir de aquí", me dijo una de las doctoras.

Y sí, los siguientes dos días me porté bien. No hice ningún tipo de travesura o desmadre. Cuando pregunté cuándo iban a dejarme salir, me dijeron:

"Aún no sabemos; vas a tener que quedarte más tiempo."

A la chingada, me dije, ¿por qué estoy "portándome bien"? No me voy a dar por vencida; tengo que salir de aquí a como dé lugar.

Recibí varias gratas visitas cuando estuve en el Hospital Peninsular. Varias de mis amigas, primas, tíos y tías llegaron a verme. Por una parte me sentía querida y apoyada pero, por otra, me daba una profunda tristeza y pena que me vieran en un lugar así.

Uno de mis tíos mandó a su "hombre de acción", mejor conocido como *handyman*, a llevarme una bolsa de Sanborns con revistas, al menos unas quince, de todos tipos (hasta una de *Mi bebé* venía en el paquete); todas nuevas, recién compradas, del mes. Ese día no salí de mi cuarto, solo leí y me mantuve distraída con mis mil y una revistas.

Tenía mucho tiempo para pensar, pero no me gustaba hacerlo. ¿Cómo voy a hacerle si me voy a África y tengo que seguir tomando medicamentos? ¿Regresaré a la universidad después de todo esto? ¿Dónde están mis amigas, por qué no han venido a verme? ¿Seguiré con mi programa de radio? ¿Qué quiero hacer? ¿Volverá todo a la normalidad? ¿Mi familia me odia?

Ya no quería comer. Hacía que mi cuidadora me preparara litros de café en una botella de agua y así pasaba mis días: tomando café, escribiendo, dibujando y fumando. Ya ni siquiera quería convivir con doña Carola, Azul y mi otra vecina del cuarto de junto. Normalmente platicaba con ellas, les hacía dibujos y ellas se fascinaban con mis cuentos e historias. Pero yo no tenía ganas ya.

En el mini jardín había una pequeña alcantarilla pegada a la pared y pensé que tal vez podía escapar por ahí o que quizás había algo ahí, un pasaje a otro lado. ¿Wonderland? Esperaba ver al conejo blanco llamándome a que lo siguiera, pero no aparecía. Empecé a pasar mucho tiempo en el jardín, esperando que algo sucediera, que algo saliera de esa alcantarilla, algo que me salvara o que me diera al menos un poco de esperanza. Nada pasaba.

Decidí que tal vez era yo la que tenía que hacer algo al respecto: cuando mi cuidadora fue al baño, me acerqué a la alcantarilla, le pegué y traté de abrirla, pero estaba completamente sellada. Tomé una de las macetas de plástico y empecé a azotarla contra la alcantarilla. ¡Tenía que abrirla! ¡Tenía que hacerlo! Cuando mi cuidadora salió, me quitó la maceta de las manos.

"Anita, no hay nada ahí, ¿*ok*? No puedes salir por ahí, es muy pequeño..."

No pude parar de llorar. De verdad tenía la esperanza de poder hacerlo y, al darme cuenta de que no había nada ahí y de que no era mi *ticket* de salida, no pude hacer otra cosa más que llorar.

MISIÓN IMPOSIBLE

En todo el pabellón había cámaras de seguridad, las cuales ya tenía perfectamente detectadas. Mi plan consistía en romperlas todas.

Tenía que pensar cómo hacerlo, pues en realidad no era tarea fácil, ya que las cámaras estaban casi pegadas al techo. Pero nada iba a detenerme y no iba a cambiar de opinión. Entre el aburrimiento y el enojo, era lo único que se me ocurría que podía hacer para mostrar lo que sentía en ese momento.

Las señoritas de limpieza tenían horarios, los cuales empecé a analizar. Observaba dónde dejaban su carrito de limpieza y por cuánto tiempo. Era mínimo. Tenía que ser rápida pero, ¡oh!, pequeño problema: mi guarura. *Fuck, fuck, fuck!* Mmm...

"Oye, Clara, ¿me preparas mi café?"

"Pero ya te preparé uno."

"Sí, pero ya está frío. Anda, ¿sí?"

Cuando se dio la media vuelta seguí con mi misión. Cuando nadie me veía, agarré una escoba del carrito de limpieza.

¡A huevo! ¿Y ahora?

Corrí a la primera cámara y con el palo de escoba, ¡mocos! Una, dos, tres, cuatro, cinco veces, con toda la fuerza que tenía, que no era mucha, por cierto. Cuando la cámara quedó colgando, corrí hacia la segunda, pero ya tenía a tres gorilas y algunas enfermeras corriendo detrás de mí. Una, dos, tr... uno de los gorilas me quitó el palo y me amarró las dos manos.

¿Y ahora qué hago? Aquí sí no hay salida.

Estaba en un cuarto de aislamiento, de esos con colchones en las paredes. Jamás pensé estar en uno, lo había visto en películas pero ni siquiera estaba consciente de que en verdad existían.

Después de un rato me dejaron salir. Fui directamente al jardín a fumarme un cigarro. Era el último de mi cajetilla. Lo prendí y di la primera bocanada. Le prendí fuego a mi cajetilla vacía y la tiré al bote de basura, el cual, por supuesto, se incendió. Una vez más, llegaron los gorilas a apagar el fuego y me quitaron mi encendedor.

Ahora, cada vez que quisiera prender un cigarro, tenía que pedir permiso.

PABELLÓN 9, PSIQUIATRÍA: ENTRADAS DE MI DIARIO, PARTE 2

Lo siguiente, tomado de mi diario:

18 de noviembre de 2008:

Hoy me despertaron los gritos de Pilar. La primera vez que no duermo mal tenía que pasar algo raro, claro. Son las 7 am. Hoy me van a traer mi computadora y viene Doris, una amiga, a traerme cigarros. No va a poder pasar porque me tienen prohibidas las visitas, pero al menos podré verla a través del vidrio.

Siento que ya no hay vuelta atrás. No debo darme por vencida, tengo que seguir luchando por salir de aquí. No me voy a quedar sentada y portándome bien; para mí eso es darme por vencida. Necesito hacer algo.

19 de noviembre de 2008:

¡Ya quiero que acabe esto, quiero que se termine ya! ¡Estoy harta! ¡Basta de jugar a la loca! ¡Todos me tienen harta, ya no soporto estar aquí ni un minuto más! ¡Quiero irme de aquí, quiero irme de este planeta! ¡Ya no quiero existir!

Me viene a ver gente y me dice "échale ganas". ¿ÉCHALE GANAS? ¿ÉCHALE GANAS? ¿Eso es lo que tienen que decir? ¿Creen que es cosa de echarle ganas y ya?

Mis doctores me cagan. Las enfermeras, los gorilas, mis cuidadoras, la gente que está aquí, ¡todos me cagan!

20 de noviembre de 2008:

Ayer me amarraron a la cama otra vez; hasta creo que mordí a Omar, uno de los gorilas. Me inyectaron, me dieron gotas, nada funcionó y terminaron amarrándome. Estuve más de una hora amarrada. Poco a poco logré soltarme. Una doctora dio la orden de que me soltaran, pero yo ya lo había hecho.

Le pedí a Doris que si alguien preguntaba dónde estoy, que dijera que estoy en Italia con mi abuelita.

Hay veces que quiero decir tantas cosas, pero no sé cómo. No las puedo escribir. Siento que cada vez estoy peor y creo que ni mis papás ni los doctores entienden que estar aquí encerrada es lo que me está haciendo mal.

Me metí a bañar con ropa; prendí el agua caliente, hasta que estaba hirviendo, y me metí con ropa hasta que llegó mi cuidadora a sacarme.

También rompí el espejo del baño de un puñetazo; no me dolió, solo sangré poquito. Me dijeron que van a tener que cobrárselo a mi papá. Eso ya no me gustó tanto. Ya no sé qué hacer con toda esta ansiedad.

21 de noviembre 2008:

Hoy intenté romper una de las puertas de salida de emergencia a patadas. La puerta nunca se abrió pero sí la abollé. También se la van a cobrar a mi papá. Me arrepiento tanto de haberlo hecho. En ese momento no pensé que mi papá acabaría siendo afectado.

28 de noviembre de 2008:

¡Me he portado tan bien que me van a dejar salir a comer con mis papás y hermana! Puedo salir de 12 a 7. ¡Soy la más feliz del mundo! ¡Voy a ir un rato a mi casa primero y voy a ver a mi *Bullet!* Tengo miedo de que se haya olvidado de mí.

29 de noviembre 2008:

Me dejaron salir; bueno, eso ya lo había escrito. Ayer, mi primera salida fue caótica. Me enganché con mi mamá y mi hermana y todo valió madres. Entré en un estado de "privación" del que no pude salir. Terminamos dejando a mamá y a Carla en la casa y yo me fui con mi papá al Correo Español (*yummy*, paella) y al cine. Vimos *Arráncame la vida*; equis.

Llegó un momento en el que no pude con mi dolor de cabeza: muchas cosas, gente, luces y, sobre todo, muchas emociones. Todo cambia cuando llevas encerrada dos meses, definitivamente.

30 de noviembre de 2008:

Hoy fue distinto. Pasamos al súper a comprar cosas para hacer chapatas en casa. Llegué con mucha hambre y con muchas ganas de ver a *Bullet* y a mi familia. Carla y mamá siguen heridas, lo sé, y sé que mi papá también. Yo soy la culpable de todo esto. Ya todo estaba mejor, papá habló con ellas en la mañana. Me quedé dormida toda la tarde, no sé qué me pasó y por más que me querían despertar, no lograron levantarme. No sé por qué me siento tan agotada.

Cuando al fin desperté, fuimos a Starbucks y ya me trajeron de regreso al Pabellón 9. Es muy difícil pasar un día o dos fuera y después tener que regresar aquí pero, por alguna razón, me siento segura aquí dentro. Siento que no puedo hacerle daño a nadie. Siento que este es mi nuevo hogar. No me gusta, pero he tenido tres casas en estos últimos meses y siento que tengo que aceptarlo y acostumbrarme. No sé cuándo vaya a salir… tal vez nunca, no lo sé. Ya no sé nada.

1 de diciembre 2008:

Al parecer todo el mundo sabe lo que quiere de su vida, como si un poder superior les hubiera entregado un documento con todo lo que tienen que hacer en su vida, como una guía. A veces me pregunto, ¿por qué a mí no me dieron instrucciones?

Una duda no presionada de pronto se convierte en una duda resuelta.
—FRANCES RIDLEY H.

Yo con tantas dudas, tantas dudas que quiero y necesito resolver rápido. Estoy encerrada, atrapada. No puedo salir. No sé qué pasó con mi vida, todo se quedó en pausa, pero no sé qué quedó bien y qué quedó mal. ¡Ash! Me vuelvo loca al pensarlo.

La escuela sinceramente me vale madres. Me dijo mi papá que no hay problema, que ya lo arregló (al parecer esta parte les importa mucho a mis papás) pero, ¿qué arregló? No tengo idea.

Mi programa de radio... ¡carajo! Todo iba tan bien y la cagué.

Mis amigos, bueno, yo sé que muchos de ellos siempre estarán ahí, pase lo que pase. Están ahí ahorita, aunque no pueda verlos.

Quiero irme a África, espero que Sylvia aún quiera. ¿Ya habrá salido de CRM? Necesito hablar con ella.

He vomitado mucho, ni siquiera tengo ganas de comer ya.

Todos aquí me buscan: doña Carola, Azul, Pedro y la vecina de junto que siempre se me va su nombre. Me da hueva verlos. Quiero estar sola. SOLA.

No sé por qué estoy firmando como *Susana* después de cada cosa que escribo.

AROMATIZA, LIMPIA Y DESINFECTA

Como era costumbre, mi cuidadora fue a prepararme mi litro de café, pero esta vez la acompañé.

Noté que dentro del cuarto de café estaba uno de los carritos de limpieza. Algo cruzó por mi cabeza, pero no estaba segura de poder hacerlo.

"Entonces... ¿a tu hijo le gusta Michael Jackson?", empecé una plática un poco falsa con mi cuidadora.

"Ay sí, le encanta, es súper *fans*, tiene todos sus discos y..."

Por supuesto que después de eso yo ya no estaba poniendo

atención... fui moviéndome para atrás, lentamente, hasta llegar al carrito.

"Ajá", contestaba para que pensara que estaba prestándole atención.

Cuando mi cuidadora sacó el agua caliente del microondas, volteó a verme.

"Sí, ese *güey* es muy chingón, también es uno de mis cantantes favoritos", le dije.

"Sí, la verdad sí", continuó ella con su explicación.

Sabía que era ahora o nunca. De inmediato agarré una botella de *Pinol*, la abrí y comencé a tomarla, toda. Al llegar a la mitad tuve que parar. Estaba a punto de vomitar, pero no podía darme por vencida. Tenía que acabármela. Glu, glu, glu, sentía cómo el producto pasaba por mi garganta y me quemaba. Era un sabor horrible, a jabón, a... desinfectante para pisos, ¡claro, era *Pinol!* Cuando estaba a punto de terminarme la botella, mi cuidadora volteó y se dio cuenta de lo que estaba haciendo, corrió hacia mí y me la quitó de las manos.

"¡Ayuda! Ayuda!", gritó.

No pasaron ni cinco segundos cuando una enfermera entró al cuarto.

"¡Se tomó toda la botella!", gritó.

Muy enojada, la enfermera me tomó de los brazos y me jaló por todo el pasillo, casi arrastrándome hasta mi cuarto, me metió al baño y me dijo: "Tienes que vomitarlo todo".

Y sí, eso fue lo que hice, pero ni siquiera tuve que hacer ningún esfuerzo: mi cuerpo solito rechazó todo el líquido. Una vez que ya había salido todo, me acosté en mi cama. Ya había doctores y más enfermeras en mi cuarto. Me sentía de la chingada; ¡obviamente! ¿Qué esperaba? ¿Volar a Wonderland? Por supuesto que no.

Volví a vomitar en la cama; no me dio tiempo de llegar al baño. Una tras otra vez. No salí del baño en 45 minutos, tirada, abrazando el excusado, esperando la siguiente ola de vómito.

"Ay, Ana, tan bien que te habías portado estos últimos días", me dijo una de las doctoras.

Hasta la fecha, cada vez que huelo o percibo el olor a *Pinol* o cualquier cosa similar, mi estómago se revuelve y me dan ganas de vomitar. Es como si estuviera tomándolo de nuevo. Con solo percibirlo he tenido que correr al baño para hacerlo y sacar ese recuerdo de mí.

PABELLÓN 9, PSIQUIATRÍA: ENTRADAS DE MI DIARIO, PARTE 3

Sí, intentaba portarme bien, pero no podía. No sabía qué era lo que querían de mí en ese lugar. ¿Qué necesitaban para dejarme salir?

Los doctores me visitaban a diario. El diagnóstico ya lo tenían y todo parecía encajar perfectamente. Algunas cosas no tanto, pero seguían el "tratamiento" para mi desorden de personalidad al pie de la letra. Lo que no tomaban mucho en cuenta era que seguían dándome medicamentos que me gustaban demasiado, que eran peligrosos para mí.

Me despertaba en las noches para pedir más pastillas, sudaba y daba vueltas en mi cama, sentía que necesitaba más; la mayoría de las veces me mandaban de regreso a mi cuarto y así me quedaba el resto de la noche, sin poder dormir. Otras veces me daban algunas gotas o alguna pastilla para calmarme, pero nunca era suficiente. El problema era que en este lugar era imposible robar cualquier tipo de medicamento. A mi amiga Azul no le gustaban las pastillas, así que se encargaba de dármelas todas. Nunca se dieron cuenta de eso.

A veces tomábamos terapia de grupo con una doctora que nos ponía a hacer dibujos y a escribir cosas pendejas. No era de mucha ayuda, pero al menos nos mantenía entretenidos.

2 de diciembre de 2008:

Hold on, me dicen, ajá pero, ¿de qué me agarro? Por favor que alguien me diga. Ya no quiero estar aquí. Mi familia dice que no me quieren llevar ASÍ a la casa. ¿ASÍ cómo? ¿Acaso soy una especie de monstruo o *alien*? Necesito que alguien me lo diga. Ya no puedo estar aquí ni en ningún lugar de este tipo. Me estoy volviendo loca, ¿qué no se dan cuenta?

Quiero volver a mi vida normal, ESO es lo que quiero, lo que necesito. Quiero irme a África, quiero ayudar, no quiero estar encerrada. Quiero hacer algo por el mundo. ESO es lo que me va a sanar, eso es lo que nadie entiende. Cada vez me dicen que falta menos para que me dejen ir, pero yo veo los días pasar y sigo aquí. Esperando...

Agarré mis pinturas y me pinté toda la cara de plateado. Parecía el hombre de hojalata: me encantó. Nadie me vio, así que no obtuve el éxito esperado y ahora estoy escribiendo esto con toda la jeta pintada.

Las paredes siguen siendo de gelatina y se sumen; cuando intento cruzarlas se vuelven duras de nuevo. El doctor dice que eso es parte de mis "crisis parciales", *whatever that means*. Se siente muy raro, no me gusta. En el momento intento decírselo a alguien, pero la única que siempre está ahí es mi cuidadora y me caga.

Patience? Bullshit. I want to go HOME.

3 de diciembre de 2008:

Siento una culpa enorme. Y una vez más me pregunto qué hago aquí en vez de seguir con mi vida normal. ¿En qué momento pasó todo esto? Me siento la persona más culpable del mundo por lo que le estoy haciendo a mi familia. Tengo ganas de gritar y de darme una cachetadota para entenderlo o para saber si esto es realidad. Necesito pedir perdón a mis papás y a Carla, pero no sé cómo hacerlo.

Necesito hacer algo al respecto; siento que me estoy sofocando.

¡Quiero gritar!

¡Quiero vomitar todo lo que traigo dentro!

¡Quiero llorar!

¿Me rehuso a recuperarme? ¿Qué me pasa?

Carta a mí misma:

Ana:

Sé que has tomado malas decisiones. No creo que hayas llegado al punto de tomar el "camino malo"; simplemente diste alguna vuelta que no fue la correcta y ahora estás perdida.

Has tenido tus aciertos, no lo has hecho todo mal. Es importante que sepas esto. Simplemente te ha costado trabajo aterrizar en un lugar firme y seguro. Sigues esperando a que alguien te agarre de los pies y te baje, pero tienes que intentar bajar tú solita. Tal vez nunca llegue ese alguien a bajarte. Tienes que lograrlo tú.

Tomar, abusar de tus medicamentos, drogarte y llevar la vida que llevabas (hablo en pasado porque este es el breaking point; aquí es cuando tú tomas la decisión de regresar a un camino con luz), tú eliges si sigues por el mismo camino, en el que no puedes ver un final, el que está todo oscuro y te cuesta trabajo avanzar.

¿Sabes quién puede arreglarlo? Tú. Nadie más que tú. Es muy simple evadir y seguir en otro mundo, un mundo que no es real, en el que conejos blancos te guían a algún lugar sin salida. No son todos los que están mal, eres tú y aún estás a tiempo de cambiarlo.

Piensa bien las cosas. Es difícil lo que vives y lo que viviste, pero no puedes seguir volando; al menos intenta ir aterrizando porque, si no... TE VA A LLEVAR LA CHINGADA.

10 de diciembre de 2008:

Me van a dejar salir. Ahora ya no sé si estoy lista para irme. Todavía tengo pensamientos malos. Me da miedo todo lo que está afuera. No sé si pueda regresar. Aquí me siento a salvo, pero a la vez quiero salir corriendo.

REGRESO A CASA

Creyendo que ya era una persona completamente rehabilitada, llegué a casa por ahí del 15 de diciembre.

Todo era extraño: me sentía ajena al mundo. No le dije a nadie que ya estaba fuera, no contacté a nadie; no tenía ganas de convivir con nadie que no fuera mi familia. Solo quería estar en casa.

Mi primer contacto real con el mundo exterior fue en la "Paella Familiar". Este es un famoso evento entre todos los miembros de mi familia. Al igual que mi papá, mi abuelo era cazador; iban a un campo en Tlaxcala a cazar codornices. Ya se imaginarán; yo siendo *animal lover* no soy exactamente la más feliz con este "deporte", porque así le llaman, ¿no? Yo no sé qué tiene de "deportivo" matar animales y sobre todo cuando no hay necesidad. Si no tuviéramos comida, es aceptable, pero por diversión no lo creo.

Cuando mi abuelo murió, esparcieron sus cenizas ahí, en un *spot* que hasta la fecha no sé cómo siguen encontrando. Supongo que se guían con los árboles. Año tras año, el día de su muerte, toda la familia se desplaza en un camión rentado a este lugar que, por cierto, es hermoso. Mi abuelita, que ahora ya acompaña a mi abuelito ahí, preparaba una enorme paella para todos. Ahora le pasaron la batuta a una de mis tías: ella hace la paella y seguro se preguntarán: ¿cómo haces una paella en medio de la nada, en un campo? Bueno, en realidad sí es un poco complicado, pero después de años de práctica se ha convertido en algo más sencillo que lo que parece. Eso sí, son horas de preparación.

Después de un largo ritual, que incluye un rezo en el que recordamos a nuestros abuelos, todos comemos quesos, jamón serrano, otras carnes frías y gran variedad de botanas; algunos incluso empiezan a tomar cerveza desde las diez de la mañana. Yo tomo vino tinto, pero a partir de las doce del día y sí, para después de la comida, por lo general los vinitos hacen efecto; no solo en mí, en todos. Y somos muy felices acompañando a mis abuelos ahí, en el hermoso lugar donde querían estar cuando murieran.

Yo no sé; tal vez sí me gustaría que mis cenizas estuvieran ahí un día. En realidad no me gusta pensar mucho en la muerte, pero a veces es inevitable.

He llegado a imaginarme mi funeral. ¿Quiénes sí irían? ¿Quiénes no? ¿Cómo sería? Sé que ese tipo de eventos no son exactamente los más agradables, pero en realidad me gustaría que no fuera tan triste. No sé, tal vez que haya música, Los Beatles o Lady Gaga... bueno, no sé si Lady Gaga sea muy buena idea, pero Los Beatles sí. No quisiera bajo ninguna circunstancia que el ataúd esté abierto. Pienso y siempre he pensado que esa parte es innecesaria. ¿Por qué a la gente le gusta ver la cara de sus seres amados muertos? Totalmente innecesario y *creepy*. Yo no quisiera que me vieran paleta, toda pintada y arreglada como probablemente nunca lo haría. No, no, no, probablemente me gustaría más que estuvieran mis cenizas presentes, no mi cuerpo.

Creo que sí es un poco raro imaginarme estas cosas, pero también creo que es importante hacerlo. También creo que no soy la única que se imagina y piensa en estas cosas... espero.

Mientras la paella está lista, hacemos actividades. Jugamos volibol, softbol o futbol, aunque veces es un poco difícil. Imagínense practicar estos deportes en un campo lleno de hierba y desniveles, pero aun así lo hacemos y nos divertimos.

Antes de que todos estén envinados, viene el concurso de tiro. Con diferentes escopetas disparamos a unos platos; no platos-platos de comida, sino platos especiales que son para eso. Cuando era más chiquita y no entraba en el concurso, de verdad pensaba que le disparaban a los platos de comida y no entendía por qué los desperdiciaban de esa manera.

Resulta que a veces las mujeres somos más buenas para disparar que los propios hombres. Yo le he atinado al plato un par de veces y debo aceptar que se siente muy bien disparar un arma.

Convivir con mi familia, como siempre, fue algo muy sanador, pero saber que todos sabían dónde había estado los últimos meses me hacía sentir un poco incómoda.

"¿Cómo estás, Paito?"

"¿Cómo te sientes?"

"Qué bueno que ya estás aquí."

Incómodo.

Ese día me fui a caminar con mi papá. Nos adentramos en el campo, lejos de todos los demás, nos acostamos en el pasto seco y platicamos. Platicamos y platicamos. Recuerdo que le prometí que ya estaba bien. Ni siquiera estaba segura si era verdad, pero me salió del corazón decirlo.

Pensé: "Bueno, tal vez sí estoy bien".

Pero no lo estaba. Tenía mucho miedo. Con frecuencia pensaba que tal vez mi lugar no era allá afuera, sino adentro de uno de esos lugares, en un psiquiátrico. Pensaba: "Tal vez sí estoy loca". O: "Ya lo lograste, estás afuera, échale ganas".

Eran tantos mis pensamientos que ya no sabía a cuál hacerle caso. No sabía cuál era real y cuál era el correcto. Tenía mucho miedo: no solo de tener que integrarme al mundo de nuevo, sino miedo de mí misma.

TATUAJE

Al poco tiempo pensé: "necesito hacerme un tatuaje nuevo". Y sin decirle a nadie, sin consultar con nadie, supe qué era lo que quería grabar en mi piel.

Ya tenía dos tatuajes, a uno de ellos aún lo odio. Alguna de las veces cuando estaba un poco... bueno, cuando no estaba muy en mis cinco sentidos, le dije a una de mis amigas: "quiero tatuarme al Principito", porque ese es uno de mis libros favoritos. Me parece y de verdad siento que es una obra de arte por las muchas cosas que comunica y las verdades que plasma de una manera tan simple y hermosa.

El diseño de mi tatuaje del Principito quedó hermoso; el pedo iba a ser explicarle al tatuador lo que realmente quería. Nos fuimos unas amigas y yo a Coyoacán en busca de un

"The essential things in life are seen not with the eyes, but with the heart."

tatuador, y sí, por supuesto que lo encontramos. No me importaba el lugar, no me importó nada. No podía sacarme de la cabeza que necesitaba tener al Principito en mi piel y no iba a dejarlo ir.

"Necesito que me diseñes mi tatuaje", le dije al tatuador. "Necesito que lo hagas HOY, porque no puedo dejar pasar otro día. Necesito hacerlo hoy."

"¿En dónde lo quieres?", me preguntó.

"En el brazo, aquí."

"Mmm... ¿Segura?"

"Aha, ¿qué tiene?"

"Bueno, pues es que tu diseño está muy grande y no sé si se vea bien ahí. ¿No lo quieres en otro lugar?"

"¿Como qué otro lugar?"

"No sé, ¿el hombro?, ¿la espalda? Es más femenino que el brazo."

"No quiero ser femenina. Esa no es mi intención. Hazlo en el brazo", dije, valiéndome madres.

Tremendo tatuajote...

Ya que estaba haciéndolo pensé: "Mmm... creo que tal vez hubiera sido mejor idea en otra parte del cuerpo, pero ya ni pedo".

Vi a mi alrededor: definitivamente no era el lugar más limpio del mundo. Madres, ¿y si me da SIDA? ¿Abrió la aguja enfrente de mí? No me acuerdo... ¡shit! ¿Y ahora? Mmm... *Ok,* ni modo...

Veía cómo la aguja entraba y salía de mi piel, ¡me encantaba! "Está quedando un poco... extraño", pensé. Algo me está diciendo este *güey.*"¿Mande?"

"Que si estás segura de que no quieres color."

"No, no quiero. Quiero que sea como una sombra."

Después de una hora, el hombre terminó mi tatuaje y envolvió mi brazo en plástico.

"¡Listo!"

Salí del lugar mareada. ¿Qué me tomé antes de entrar ahí? No me acuerdo.

Vi mi brazo y pensé: "Esto quedó de la chingada; ya me jodí".

Mmm.

No quería que me pasara lo mismo. Esta vez sí lo planeé bien y fui al lugar donde me hicieron mi primer tatuaje. En mi auto, antes de entrar, abrí la caja de *Advil* que acababa de comprar. "No debería hacer esto pero no importa: es *Advil*, no es peligroso", me dije a mí misma. Y me tomé las diez pastillas.

"Quiero esto", le dije al tatuador.

En mi mente, el tatuaje era totalmente diferente a lo que quedó plasmado DE POR VIDA en mi brazo izquierdo. En mi mente, era la silueta del Principito parado sobre su planeta, con su preciada rosa a un lado y la frase: *"The essential things in life are seen not with the eyes, but with the heart"*. Tenía que ser negro porque EN MI MENTE era como una sombra.

En mi mente, era el tatuaje más hermoso del mundo. ¿En la vida real? Quedó una plasta negra que parece más bien algún tipo de mapa. Siempre, siempre me preguntan:

"¿Qué es tu tatuaje?"

Y es de hueva tener que explicar que se supone que es el Principito... *GONE BAD.*

De vuelta con el tatuador, me preguntó:

"Ah, está chido... ¿qué significa?"

"Paciencia", le contesté.

Paciencia, necesito paciencia. Todo va a estar bien. Solo es cuestión de tiempo.

BRITNEY *STYLE*

Pasé la máquina rasuradora una vez. Vi mi pelo caer al lavabo. Una segunda vez, una tercera y me vi en el espejo. ¡Lo había logrado, al fin: raparme por completo! ¡Se siente poca madre, me siento libre! "¿Así habrá sentido Britney cuando lo hizo?", pensé.

Tocaron la puerta del baño.

"Paito, ¿qué haces?", dijo mi papá al abrir la puerta.

"¿Qué onda, Pa?", le dije, asustada y a la espera de su reacción.

"Ay, Paito. ¿Qué estás haciendo?"

(Así me dicen en mi casa, Paito o Polita).

"Pues es que esto es lo que quiero. Llevo mucho tiempo queriendo hacerlo pero no me habían dejado…"

"¿Eso es lo que realmente quieres?"

"Sí, Pa. Lo necesito."

"Ok, vamos afuera por un cigarro. Saca la rasuradora. Yo te lo voy a rapar parejito."

"¿De verdad?"

"De verdad… pero con una condición."

"¿Cuál?"

"Que me expliques por qué necesitas hacerlo."

Eran alrededor de las 11 pm. Mi mamá y mi hermana ya estaban dormidas. Y yo, mientras mi papá me rapaba la cabeza y nos fumábamos un cigarro, trataba de expresar lo que sentía:

"No sé, Pa… es extraño. No sabría cómo explicarlo bien, pero voy a intentar… Es como si estuviera empezando de nuevo. Cortar lo malo, lo viejo, lo molesto, lo dañado. Es como si empezarara de raíz, de nuevo, de cero. ¿Me entiendes más o menos? Creo que eso es…"

¿Ver a tu hija rapándose? ¿Qué haces como papá? ¿La cuestionas, la regañas, te enojas, te haces de la vista gorda? Sin embargo, sabía que mi papá no iba a tener la típica reacción que la mayoría de los papás tendría. La reacción de mi papá fue… no sé siquiera si se le puede llamar "reacción": simplemente se alió conmigo, preguntó lo necesario y se unió a la causa.

Fue perfecto.

CUENTOS DE ULTRATUMBA

"¿**A**dónde vamos?", pregunté a mis papás desde el asiento trasero del auto.

"Ahorita verás, Paito."

Nos detuvimos afuera de una iglesia. "¿Qué pedo, me van a meter de monja o por qué estoy aquí?", pensé. Noté entonces que había una lona con el logotipo de Alcohólicos Anónimos, el cual ya reconocía a la perfección después de haber asistido un par de veces mientras estuve en CRM.

"¿Por qué me traen aquí?"

"Queremos que te quedes a una sesión, solo una; a ver cómo te sientes."

En ese momento salió un señor grande que me tomó del hombro y me dijo:

"Está bien, quédate solo un ratito. Si no quieres hablar, no tienes por qué hacerlo, solo escucha..."

Y lo hice, me quedé. Me senté en la banca más lejana que pude encontrar. Todos se levantaron y comenzaron aquella oración:

"Dios, concédeme la serenidad para aceptar las cosas que no puedo cambiar, el valor para cambiar las cosas que sí puedo cambiar y la sabiduría para conocer la diferencia..."

Era la única mujer, lo cual me sorprendió porque estaba acostumbrada a ver a muchos tipos de gente en estas reuniones, pero esta parecía ser de... viejitos. Medio me puse a escuchar y medio me puse a jugar con mi celular. Estaba en un nivel muy difícil de sopa de letras y pensaba que aquello era mucho más importante que escuchar lo que esos viejitines tenían que decir.

"¿Segura que no quieres pasar?", me susurró al oído el señor de la entrada. "Te va a hacer bien."

"No, solo quiero escuchar. Gracias", le dije.

Sonrió y caminó hacia el estrado. Ahí dijo:

"Tenemos una nueva integrante en el grupo. Esperamos que quiera quedarse con nosotros."

Todos los integrantes de la película *Cocoon* voltearon a verme.

Claro que no iba a regresar; ese no era el lugar para mí. Uno: no era alcohólica y dos: no tenía 120 años.

Sonreí.

"¿Cómo te fue, Paito?", me preguntaron mis papás una vez que salí.

Podía ver el brillo en sus ojos.

Sabía a la perfección cuál respuesta esperaban.

"¡Me encantó! Quiero venir diario."

Eso no fue lo que dije, solo lo imaginé.

"Pues bien, pero no creo que este sea el grupo ideal. Sé que tengo que ir a grupos de apoyo, pero este no me gustó."

Eso sí fue lo que les dije.

"*Ok, ok,* no importa. Hay que buscar uno que te guste... tal vez Narcóticos Anónimos te quedaría mejor, ¿no?", me dijo emocionada mi mamá.

"Mhm, tal vez... Narcóticos Anónimos y sin integrantes que parezcan de *Cuentos de ultratumba*", contesté.

CLAUDIA

Ahí estaba afuera de NA, en una colonia no muy bonita que digamos. Mi mamá esperaba que me bajara del auto brincando de felicidad. Me tomé mi tiempo y bajé casi temblando de miedo.

"Te recojo en una hora más o menos, ¿sí?", me dijo mi mamá.

"*Ok...*"

Poco a poco me acerqué a la entrada. Podía escuchar muchas voces.

Ya estaba ahí. Tenía que hacerlo.

Una chava de unos 28 años salió.

"Hola, ¿vienes a la sesión de hoy?", me preguntó.

"Creo que sí", contesté.

"¿Crees?"

"Es que no sé si voy a entrar."

"Ven", me tomó de la mano y me llevó adentro del pequeño salón.

Había una mesa con café y galletas.

"¿Quieres café?"

"*No gracias*", forcé una sonrisa.

"Siéntate aquí, junto a mí."

No era nada fea, era una de esas morenazas atractivas; muy flaca para mi gusto, pero guapa.

"Por cierto, me llamo Claudia."

"Ana", volví a sonreír forzadamente.

El salón era muy pequeño y habíamos alrededor de quince personas en él.

Empezó la sesión, misma dinámica que en AA. Todos nos levantamos y dijimos la oración tomados de las manos.

Mis manos sudaban.

Aparentemente yo era la única nueva ese día. Todos parecían conocerse. Empezaron a compartir experiencias.

Aunque este grupo tenía más diversidad, pensé: "Creo que no debería estar aquí. Yo no pertenezco a ninguno de estos lugares. Yo no soy adicta como todas estas personas", y así como si nada me levanté y me salí.

Caminé hasta la esquina de la calle; de verdad era una colonia muy fea y ya casi era de noche.

"Mierda, ¿y ahora qué hago? No traigo dinero para un taxi. ¿Espero a mi mamá?"

Me sentía como en primaria: tener que esperar a que mi mamá pasara por mí...

"¿Qué pasó?", escuché una voz detrás de mí.

Era Claudia.

"No sé, es que... me siento muy nerviosa y creo que no quiero estar ahí", le dije.

"Te entiendo. Ven, vamos a sentarnos aquí afuera."

"¿Quieres un cigarro?", le dije y saqué mi encendedor y cajetilla de la bolsa de mi pantalón.

"Claro. ¿Quieres platicar?", me dijo, sonriente.

"Bueno..."

DOCE PASOS, DOCE TRADICIONES

Gracias a Claudia, me animé a ir a las siguientes sesiones... cuatro días seguidos. Aprendí más a fondo sobre los doce pasos y las doce tradiciones que se aplican en el programa.

"Ay, yo tengo un libro de esto. Me lo regaló mi tío mientras estuve internada."

"Pues la próxima vez que vengas, tráelo..."

Los doce pasos son una cosa muy interesante. No es que no creyera en el programa de NA, pero en ese momento creía que muchos de esos "pasos" no podían ayudarme.

El primer paso, y el más importante, es admitir que tienes una adicción y, aunque es el primero de doce, siento que es el más difícil. Me costó mucho trabajo entender que sí tenía un problema, que llegué a ser impotente ante mi adicción y que seguía siéndolo.

El segundo, tercer, quinto, sexto y séptimo paso hablan de Dios, aunque yo prefiero llamarlo "Poder Superior". No entendía y creo que aún no entiendo por qué la gente suele ponerse en manos de "algo" o "alguien"; sé que eso se llama fe y creo que hasta cierto punto tiene sentido.

El cuarto paso consiste en hacer un inventario moral de nosotros mismos, de nuestros errores. Es un paso muy difícil también: tener que repasar todo lo que has hecho mal no es algo sencillo. Tener que aceptarlo es aún más complicado.

El octavo y noveno paso es hacer una lista de las personas a las que hemos lastimado, a las que les causamos daño con nuestra adicción y estar dispuestos a repararlo. En mi lista incluí a mi hermana, a mi mamá, a mi papá y al final estaba yo.

La parte difícil era tratar de repararlo.

El décimo paso habla de nunca dejar de hacer un inventario personal y admitir cuando nos equivocamos.

El paso once es uno más que habla de Dios, de meditar y orar para tener contacto con Él.

El doceavo y último paso es básicamente haber obtenido un despertar espiritual, estar consciente de todo y tratar de reparar todo. Una vez hecho esto, debemos practicar lo que aprendimos y tratar de ayudar a otras personas que están en la misma situación. Pero, ¿cómo iba a ayudar a alguien más si ni siquiera podía pasar del segundo paso?

Estaba peleada no solo con el mundo: conmigo. Lo único que realmente deseaba es que todo desapareciera y volviera a la normalidad.

Regresar el tiempo y... que no me cacharan. Que no se dieran cuenta de lo que estaba haciendo. En ese momento pensaba: "si regresara el tiempo tendría más cuidado, pero no lo dejaría de hacer". Este pensamiento me perseguía cada día: saber que muy dentro de mí no quería dejar de consumir, lo que me hacía pensar: "¿En verdad me recuperé o simplemente me esperé a salir para volver a hacerlo?".

Ya estaba afuera. Y tenía un solo camino: aguantarme y seguir adelante, empezar mi vida de cero y retomar mis actividades (que no serían las mismas, claro). ¿Regresar a la escuela? No quería eso; no me gustaba, no quería estar ya ahí. ¿Qué iba a hacer si no regresaba? ¿Qué dirían mis papás?

Lo único que sí sabía era que era diciembre.

Navidad se acercaba y nada me importaba más que tratar de pasar unos tranquilos y hermosos días festivos con mi familia. En eso tenía que ocupar mi mente; en nada más...

OH, BLANCA NAVIDAD

Las discusiones sucedían casi a diario. Las cosas en mi casa estaban realmente tensas. Mi mamá no confiaba en mí; ella sabía, sabía que yo no estaba del todo "recuperada". A diario se acercaba a mí y me checaba las pupilas.

"¿Tomaste algo hoy?", me decía.

"No", era la respuesta instantánea cuando debía ser "sí".

Otra vez había empezado a tomar pastillas con alcohol. Todos los días lo hacía. Logré ponerme límites para poder engañar a mi familia, para que no se dieran cuenta. Tomaba lo suficiente para sentirme "bien" pero sin abusar, para así poder decir: "¡Miren! ¡Estoy bien, no estoy tomando nada!", y me funcionó un buen rato, hasta que mi cuerpo empezó a necesitar más y más.

"¡Que no me tomé nada, carajo mamá!"

"Ana Paola, por favor dime la verdad. Dime si necesitas ayuda, ¡aquí estamos!"

"¡A la mierda, me voy a largar de aquí!"

Subí a mi cuarto y empecé a hacer una maleta. Metí toda mi ropa hecha bola.

"Me largo de aquí, están a punto de cacharme", pensé.

"¿Y adónde te vas a ir, Ana Paola? No hagas esto, por favor. Somos tu familia...", me dijo mi mamá.

Para este punto yo ya estaba muy agresiva, muy confundida y asustada. Ya no quería hacerles más daño, así que lo mejor era irme, alejarme.

"A la casa de *La Amigui*. ¡Voy a irme a vivir ahí!"

La Amigui era una amiga de la secundaria y poco antes me había ofrecido quedarme unos días en su casa. En ese momento no pensé que sería una opción, pero las cosas se habían puesto tan tensas que sentí que era lo mejor.

Pensé: "A ver, Ana Paola, estás mal. Tienes que arreglar las cosas. No tienes dinero, ¿cómo vas a vivir? No vas a conseguir un trabajo en estas fechas. ¿Cómo vas a comprar tus pastillas y alcohol? Piensa bien las cosas. Es mejor que te quedes, que arregles las cosas con tus papás y que les hagas creer que todo está bien, que estás bien...".

En ese momento fue cuando me cayó el veinte de que tal vez... tal vez sí era una adicta. Haber elaborado un plan tan maquiavélico para seguir en las mismas me hizo darme cuenta de que estaba mal, que tal vez todo lo que viví antes fue por una razón y que tal vez debí haber aprovechado para recuperarme. Estaba mal y a veces mi cerebro se daba cuenta, pero la adicción me decía que todo iba a estar bien, que solo necesitaba ser cuidadosa y... muy mentirosa.

LOS EFECTOS DEL DESAYUNO

Todo estaba bien. Lo había logrado. Había logrado convencer a mis papás de que todo estaba bien. Había conseguido trabajo con una amiga en una casa productora.

Era una persona normal y trabajadora: todas las mañanas me levantaba, me bañaba y me subía a mi coche para emprender camino hacia mi trabajo (que quedaba lejísimos de mi casa, por cierto).

Aunque fuera temprano, me levantaba con muchísimas ganas de salir de mi casa e ir a trabajar. Tenía una gran rutina que yo solita me diseñé.

Busqué una farmacia que estuviera abierta a esa hora y una tienda que también quedara de camino. Todas las mañanas me paraba en la farmacia y compraba dos cajas de somníferos. Convencí a la viejita de la farmacia de que me los vendiera: le pagaba de más. Me paraba en la tienda y compraba una o dos cervezas. Ese era mi desayuno. Todo el camino desde mi casa hasta Coyoacán consistía en meterme una pastilla, un trago de cerveza, otra pastilla, otro trago... así hasta que me terminaba las dos cajas.

Las dos.

Era tan largo el trayecto y había tanto tráfico que a la mitad del camino ya empezaba a sentir los efectos de mi desayuno.

Practicaba en el espejo retrovisor cómo iba a pedir mi café en Starbucks sin que se me trabara la lengua y cómo iba a saludar a Brenda sin que se diera cuenta de lo mal que estaba.

Brenda era mi jefa... bueno, más bien, una muy buena amiga que me hizo un gran paro y me dio trabajo como su asistente. Creo que ese era mi trabajo; ni siquiera estoy segura porque nunca en ese tiempo estuve en mis cinco sentidos.

"*Venti Expresso* Americano helado con leche *light*. *Venti Expresso* Americano helado con leche *light*. *Venti Expresso* Americano helado con leche *light*. Venti Expresso Americano helado con leche *light*", repetía una tras otra vez hasta que, según yo, sonara normal.

Antes de llegar a la oficina, me paraba en un bote de basura y tiraba toda la evidencia. Siempre era el mismo bote.

Llegaba, saludaba a Brenda tal como lo había practicado y me sentaba en mi lugar, con mi computadora y mi café. Prendía un cigarro y, a partir de ahí, las cosas empezaban a verse borrosas. Brenda me hablaba y yo trataba de entender lo que me decía; no sé cómo logré tantas veces estar ahí sin que se diera cuenta. Lo bueno es que se suponía que yo era su asistente y mi trabajo era casi nulo. Hacía dos que tres cosas al día, pero disponía del resto del tiempo para disfrutar los efectos de mi desayuno. Había más gente en la oficina.

Entraban y salían; incluso Benny Ibarra entraba a pedirme cigarros, pero todo era muy borroso para mí.

Poco a poco los efectos iban disminuyendo. Para después de la hora de la comida, había recuperado el habla casi por completo. Y para la hora de la salida ya me sentía casi normal.

Cuando llegaba a mi casa, me acostaba a dormir porque me sentía agotada y no despertaba hasta el día siguiente. Todos los días era la misma rutina. Todos los días lo mismo.

Un día, ya que estaba en camino al trabajo, al empezar a tomar mi primera caja de pastillas, Brenda me llamó y me dijo que no fuera a la oficina, que me tomara el día libre.

"Maravilloso", pensé.

Regresé a mi casa e hice lo mismo que hacía en la oficina: sentarme a sentir los efectos de las pastillas mientras estaba frente a mi computadora haciendo... quién sabe qué.

Recuerdo que chateaba con la gente, con mis amigos, y también me daba cuenta de que a veces no tenía sentido lo que había escrito, que ni siquiera podía ver bien el teclado sin que se movieran todas las letras, así que desistía y jugaba *Bejeweled*.

No había nadie en mi casa; solo mi muchacha y ella no me molestaba. Pasé horas sentada en el mismo lugar. Tenía que ir al baño pero no podía pararme. Lo mismo me pasaba cuando estaba en la oficina: tenía que aguantarme hasta que nadie notara cuando me levantaba y tenía que llegar al baño agarrándome de lo que podía para no caer al piso.

Cuando me di cuenta, ya era hora de la comida y yo seguía sentada en el mismo lugar, en la parte de afuera, en un patio donde podía fumar. Escuché cómo mi mamá entró a la casa.

"Hola, señora Rosa, ya llegué... ¿por qué está el carro de Ana Paola afuera? ¿No estaba en el trabajo?"

"No, lleva aquí toda la mañana", contestó la señora Rosa.

"*Fuck, fuck, fuck*", pensé.

"Qué onda, Ma. Me dieron el día."

"Hola, Ma. Me dijo Brenda que hoy no trabajábamos."

"¿Cómo estás, Ma? Hoy no trabajé."

Todas esas fueron frases que empecé a practicar. No estaba segura de cuál sonaba mejor, pero tenía que lograr que no se me trabara la lengua. Tenía que actuar normal.

"Hola, Paito. ¿Que no fuiste al trabajo?"

"No, Ma. Me habló, me dijo Brrrrenda que hoy no trrrabajábamos y me rrregrrresé a la casa."

Shit, creo que me salió de la chingada, debí practicar más.

"Ana Paola, ¿estás bien?"

"Sí, Ma, ¿porrr qué?"

"¿Qué te tomaste?"

"Nada, Mamá, ¿de qué hab...?"

"No me mientas, por favor. ¿Cuántas pastillas tomaste?", dijo, esculcando mi morral hasta encontrar las cajas vacías.

"..."

"No puedo creerlo, no otra vez..."

Fuck. Ahora sí ya valió madres todo.

UN CASO PERDIDO

"¡Necesito salir! ¡Déjenme salir de aquí!", grité con desesperación.

Mi hermana estaba parada enfrente de la puerta, tapando la salida.

"¡No! ¡No vamos a dejarte salir!"

"¿Por qué no? ¡Necesito salir! ¡Me estoy muriendo!"

"¡Porque te amamos y no vamos a dejar que te hagas más daño!"

Todos estaban ahí: mamá, papá y Carla. Veía a *Bullet,* mi perro, dar vueltas como loco. No sabía lo que estaba pasando, pero con tanto grito y movimiento estaba muy nervioso.

"¡Voy a ir a comprar algo para tomarme, no puedo más!"

"¡No!"

De verdad, *Bullet* estaba muy confundido. Quería explicarle y decirle que se fuera a su casita, que no tenía por qué ver esto. Estaba segura de que él quería decir algo; tal vez me odiaba, tal vez estaba enojado, triste y decepcionado como los demás.

"Perdón…"

"Está bien, Paito, tranquila."

"No, perdón porque tengo que irme."

"No te vamos a dejar."

Agarré a mi hermana de los brazos y la jalé a un lado de la puerta. Logré abrirla, pero pronto me sujetaron y me regresaron adentro de la casa.

Nunca había sentido tanta desesperación: tenía que hacer algo. Me estaba muriendo. Mi cuerpo me pedía algo, lo que fuera.

A continuación agarré uno de los candelabros que estaban en la mesa y amenacé a mi familia con él. ¿Qué iba a hacer con un candelabro? ¿Qué podía hacer con él? ¿Golpear a mi papá en la cabeza y salir corriendo? ¿Golpearme y abrirme yo la cabeza? Supongo que no lo pensé bien, pero no quería hacerle daño a nadie. Quería salir a comprar medicinas o lo que fuera que se me cruzara en el camino. Quería que me dejaran en paz.

No podía dejar de llorar y temblaba como si tuviera Parkinson. Aventé el candelabro y corrí a la cocina, donde abrí uno de los cajones para sacar un cuchillo.

¿Qué iba a hacer con un cuchillo? ¿Matarme? ¿Matar a mi familia? Esa no era yo. Jamás haría algo así.

Mi papá corrió detrás de mí y me abrazó antes de que pudiera agarrar algo; me dejó inmóvil. Estaba lastimándome, me apretaba muy fuerte.

"¿Qué no lo entienden? ¡Soy un caso perdido! ¡Ya no pueden hacer nada! Soy un caso perdido, ¡me voy a morir!", grité, llorando y temblando.

Estábamos en el piso y mi papá no me soltaba. Cada vez me abrazaba más fuerte. *Bullet* ladraba y daba vueltas alrededor de la escena.

Finalmente se acercó y mordió a mi papá.

Bullet jamás haría eso; jamás nos haría daño a ninguno de nosotros. Supongo que estaba igual de desesperado que yo.

"¡Soy un caso perdido! ¡Déjenme ir!", gritaba una y otra vez. "¡Déjenme ir! ¡Déjenme ir, soy un caso perdido!"

Mi mamá y mi hermana lloraban. ¿Por qué les hacía eso?

"¡Soy un monstruo! ¡Déjenme ir!"

Mi papá no me soltaba.

Entonces me soltó.

"Vamos a hacer algo", me dijo. "Yo te llevo a comprar lo que necesites."

Me tranquilicé.

Nos subimos su camioneta y nos dirigimos a la farmacia.

CUATRO

capítulo

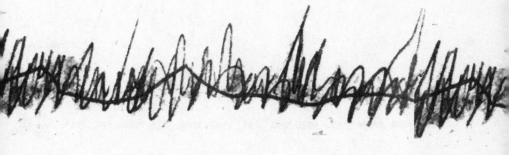

COMO EN UNA PELÍCULA
DE GUILLERMO DEL TORO

Era como una iglesia. Oscura, silenciosa y... *creepy*. ¿Qué pedo, dónde estoy?

Ya estaba acostumbrada a preguntarme en dónde estaba.

Mis papás caminaban delante de mí por un pasillo largo que parecía no tener fin. Yo volteaba a mi alrededor, asustada, esperando que alguna monja diabólica me tomara del brazo y me llevara al infierno.

¿Estoy en una película de terror?

De verdad era el escenario perfecto. ¿Zombis? ¿Demonios? ¿Monstruos? ¿Niñas en pijama con el pelo encima de la cara? Definitivamente algo tenía que aparecer: había que aprovechar la locación.

Llegamos a una oficina. No se aparecieron demonios ni zombis ni monstruos en el camino. Qué decepción.

"Siéntate allá afuera", me dijo mi mamá con voz enojada.

Como niña castigada, esperando a que sus papás hablen con el director en su oficina, me senté en una banquita a esperar. A mi alrededor todo seguía pareciendo una película de terror.

Alguien se acercaba en el pasillo. No podía ver quién era, estaba demasiado oscuro y solo veía cómo caminaba despacio hacia mí, cojeando. "Ay *güey*, ahora sí, por estar pensando cosas ya vienen por ti", pensé. "Ha de ser una bruja herida o un zombi." Sí, definitivamente era un zombi; podía notarlo por su forma de caminar. Empecé a asustarme. El zombi caminaba al mismo paso, pero se acercaba cada vez más a mí...

Una vez que llegó a la luz, me di cuenta de que no era ningún ser extraño sino solo una señora grande y despeinada, como de unos setenta años, con una bolsa de la Comercial Mexicana en la mano.

"¿Aquí me puedo internar?", me preguntó.

"Mmm... no sé, creo que sí..."

La señora se metió a la oficina donde mis papás estaban arreglando lo que sea que estuvieran arreglando y dijo:

"¡Hola! Me llamo Catalina y vengo a internarme."

"Muy bien, espere en la banca de afuera", le contestaron.

Doña Cata se sentó a mi lado.

Yo veía cómo jugaba con su bolsa del súper.

"¿Y qué trae ahí?", le pregunté.

"Háblame de tú...", dijo. "Traigo calzones."

"¿Calzones?"

"Sí; no traigo ropa ni nada, pero pasé a La Comer a comprar tres calzones."

Al poco tiempo mis papás salieron de la oficina.

Podía notar su enojo y su decepción.

Un doctor y una doctora salieron detrás de ellos. Me hicieron muchas preguntas; yo contesté todas pero no entendía mucho.

Se despidieron de mí sin decir nada más. Me dejaron una maleta que no recuerdo haber hecho. Tal vez la hizo mi mamá o mi hermana, no lo sé. Vi a mi mamá salir llorando.

Una señora rara, que sí parecía bruja, me pidió que la siguiera. Caminamos mucho por pasillos cada vez más tenebrosos.

"Este es el pabellón de los hombres", me dijo. "Tú vas a estar en el de mujeres."

"*¡Duh!* Obviamente voy a estar en el de mujeres; soy mujer", pensé.

Era de noche y parecía estar en el lugar más feo del mundo, preguntándome una vez más por qué chingados acabé ahí.

Llegamos al pabellón de las mujeres. Tenía un pasillo largo y profundo con luces parpadeantes, lo cual me hacía sentir que estaba en una película de Guillermo del Toro.

En cualquier momento iba a aparecerse un fauno a decirme cosas raras o, peor aún, el monstruo ese con ojos en las manos...

Al final del pasillo estaba la estación de enfermeras. Podía verlas a lo lejos. También esperaba que en cualquier momento se acercaran a mí con movimientos cortados como en *Silent Hill*,[2] al fin que la luz era tan parpadeante que quedaba perfecta con la escena.

---

[2] *Silent Hill* es un videojuego del género de "horror de supervivencia", con nueve títulos publicados y dos largometrajes. Se caracteriza por sus atmósferas lúgubres, oscuras, sobrenaturales. —*Nota del editor.*

HORROR DE SUPERVIVENCIA

"**E**ste va a ser tu cuarto", me dijo la señora bruja.

Vi aquello. Un cuarto con tres camas.

"Escoge tu cama", me dijo sonriendo, pero yo sabía que esa sonrisa no era de amabilidad. Era una sonrisa malvada, una que parecía decir: "No importa cuál cama escojas, de todas formas vas a morir…"

Dejé mi maleta en la cama pegada al clóset.

"Ya se te pasó la hora de la cena, ¿tienes hambre?"

"No", contesté.

Y de verdad no tenía hambre; al contrario, tenía ganas de vomitar.

"Bueno, buenas noches…"

"¿Buenas noches?", pensé de inmediato. "No creo tener buenas noches; si tengo suerte, apenas llegaré viva al día siguiente."

Me quedé inmóvil en la cama.

"¿Qué hago? ¿Cómo escapo de aquí? No creo que sea tan fácil: hay una estación de enfermeras asesinas al final del pasillo y es imposible que no me vean."

Entré al baño, rebosante de humedad. Tenía una regadera sin cortina y el excusado estaba lleno de sarro.

Me puse mi pijama de Snoopy, me lavé la cara y empecé a llorar. Caí al piso y me tapé la cara con las manos.

Toc, toc, toc. La puerta del baño.

"¡Voy!", grité.

Abrí la puerta.

"Hola, ¿cómo te llamas?"

"Ana Paola", contesté.

"Muy bien, Ana Paola. Yo soy no-sé-quién (de verdad no recuerdo su nombre) y voy a ser tu cuidadora de noche."

Ugh. Maravilloso. Una guarura de nuevo.

LA ROOMIE

Alguien entró al cuarto. Escuché voces, pero no me atreví a ver quién o quiénes eran. Estaba hecha taquito en mi cama. La cobija era rasposa y picaba. No estaba cómoda y tenía miedo.

No podía dormir, llevaba toda la noche en vela y a eso se sumaron los peores ronquidos del mundo: mi nueva *roomie*, que aún no conocía, roncaba como un borracho gordo. Me levanté a hacer pipí. Nuestra cuidadora estaba dormida en una silla de plástico que parecía ser muy incómoda. Traté de asomarme para ver la cara de mi *roomie* pero estaba demasiado oscuro, así es que regresé a la cama.

No supe a qué hora me quedé dormida, pero unos (otros) ruidos extraños me despertaron. Era muy temprano, estaba saliendo el sol. Me senté en la cama y no vi a nadie, pero seguí escuchando los ruidos.

La cuidadora de noche ya no estaba.

Me di cuenta de que el ruido venía del baño.

"¡Hola! ¡Buenos días! ¿Te desperté?", me dijo doña Cata asomando la cabeza desde el baño.

Era mi nueva *roomie* y la responsable de los terroríficos ronquidos de la noche anterior: doña Cata, la señora con la bolsa con calzones de la Comercial Mexicana.

Salió del baño completamente desnuda.

"Estoy lavando mi ropa; es que no traigo nada más, solo calzones limpios..."

Me quedé helada. No tenía precisamente el cuerpo de Angelina Jolie; era una señora de unos sesenta o setenta años. Nerviosa, desvié la mirada.

Entré al baño porque me estaba haciendo pipí. Encontré ropa empapada tendida por todos lados.

"¿Y tú, cómo te llamas?", me gritó doña Cata desde afuera.

"¡Ana!", le contesté.

"Ana. ¿Y por qué estás aquí?"

"No sé bien. Nunca me explican nada, pero no es la primera vez que me internan...", le contesté al salir del baño.

"Yo me interné solita. Intenté matar a mi marido. Pero estoy tomándome unas vacaciones."

"¿Unas vacaciones en este lugar? Realmente tiene que estar loca para pensar que este es el lugar ideal para vacacionar", pensé.

"Mi esposo es un cabrón y lo odio. Por eso me fui de mi casa. Tengo ocho mil pesos en mi cuenta de banco; con eso voy a quedarme unos días aquí...", continuó hablando.

"Con ocho mil pesos se pudo ir a Acapulco", pensé. "¿Por qué vino a meterse aquí? Bueno, es claro que está malita de su cabeza..."

"Qué bueno que vamos a compartir cuarto, ¿no?"

"Sí, qué bueno", le di el avión.

Solo esperaba que se pusiera ropa, pero eso no iba a pasar. Por lo menos esperaba que se pusiera una toalla, no sé.

"¿Y usted qué hace encuerada?", preguntó entonces una enfermera que acababa de entrar al cuarto.

"Se está secando mi ropa", contestó doña Cata.

"Ahorita le traigo una bata."

Uff, qué bueno, una bata. Lo que sea para ya no verla así.

La enfermera nos dio unas pastillas y sin explicar más nos obligó a tomarlas.

ALGUIEN VOLÓ SOBRE EL NIDO DEL CUCÚ

El comedor era un salón grande con mesas redondas. Hombres y mujeres ahí concentrados.

No podía creer el tipo de gente que veía a mi alrededor. Aquello tenía que ser una película. No podía ser verdad que yo estuviera en un lugar así. Tenía que ser parte del *cast* de *One Flew Over the Cuckoo's Nest*. ¿Dónde estaban las cámaras? ¿El director? ¿Jack Nicholson?

La única verdad era que sí estaba en un manicomio y uno feo.

Estaba este señor aplaudiendo como foca, con su plato de comida enfrente, y una cuidadora tratando de darle de comer.

Viejitas en silla de ruedas con la baba escurriendo.

Gente con la mirada perdida, viendo al techo, al piso o a su comida.

"¿Nadie de mi edad?", me pregunté. ¿No existe un pabellón de adultos jóvenes desquiciados?

Doña Cata en bata.

Un señor bizco y sonriente.

Una señora llorando.

Una señora riendo sin parar.

Personas que emitían sonidos raros.

Una señora con... ¿bigote y barba?

"Ella es *La Cuadernito* y quiere venir a presentarse", me dijo su cuidadora.

"¿*Cuadernito*?", contesté confundida.

La Cuadernito dibujaba o escribía cosas con su dedo en mi hombro.

"Sí, ella piensa que todos son cuadernos y escribe en ellos..."

"*Ok*, eso ya es el colmo de la locura", pensé.

La Cuadernito murmuraba cosas y seguía escribiendo en mi hombro y espalda.

"¿Qué estará escribiendo en mí esta mujer?", me pregunté.

No hablaba nada. ¿Era muda? ¿Su cuidadora era su intérprete? ¿Intentaba comunicarse con lo que escribía?

Me sentía muy confundida. No tenía hambre: quería vomitar. Aquel era un escenario espantoso y yo no quería estar ahí.

La Cuadernito me sonreía: podía ver sus dientes amarillos y podridos debajo de sus bigotes y arriba de sus barbas. Olía feo; no quería pensar cuánto tiempo había pasado desde su último baño. También tenía patillas. Si no me hubieran dicho que le decían "*La*" *Cuadernito*, hubiera pensado que era un hombre. Un hombre bigotón, barbón, gordito, chaparrito.

Forcé una sonrisa, me di la media vuelta y regresé a mi cuarto, a mi horrible y espantoso cuarto. Me metí debajo de las cobijas. No quería salir más. No podía estar en ese lugar.

Pensaba: "¿Cuándo van a venir por mí? Necesito que vengan a ver dónde me metieron. No puedo estar mucho tiempo aquí. Seguro lo hicieron para castigarme. Es para que aprenda una lección. Ya la aprendí, ya no quiero estar aquí, ya voy a portarme bien, no merezco que me hagan esto".

No salí de mi cuarto en todo el día; una de las enfermeras me llevó comida y casi ni la toqué.

Doña Cata entraba y salía como si estuviera en un cuarto de hotel en la playa.

"¡Ven! Ya sal de tu cueva, ¡vamos a convivir!", me decía.

¿Convivir? ¿Convivir con la foca aplaudidora, el señor bizco, las viejitas babeantes, *La Cuadernito*?

No era exactamente el tipo de gente con la que quería "convivir"...

LA OTRA ANA

"Ella se llama Ana, como tú."

Era una adolescente como de unos quince o 16 años. Tenía la mirada perdida pero era muy bonita, muy blanca, de pelo negro y piel impecable.

"Lleva tres años sin hablar", continuó su cuidadora/intérprete.

"¿Quieres dibujar?", le pregunté.

Ella sonrió, así que lo tomé como un sí.

Saqué mi cuaderno de Andy Warhol y mis plumones y se los di.

Ana empezó a dibujar algo... ¿qué era? Parecía no tener forma, pero yo sentía que quería decirme algo. De pronto dejó de dibujar y su mirada se perdió en el techo.

"¿Será autista?", me pregunté. "Tengo que ayudarla. Ella no está loca como todos aquí; solo necesita mi ayuda."

Así que me propuse ser su salvadora.

Después de dos minutos, continuó con su dibujo... puros rayones.

La había perdido. Fuera lo que fuera lo que estaba tratando de decirme, se perdió junto con ella.

Tal vez de verdad estaba loca, no sé.

UNAS PADRÍSIMAS VACACIONES

Otro día más sin salir de mi cuarto. Dibujaba, leía, escribía y pensaba cosas acostada en esa cama de cobija rasposa. Doña Cata entraba y salía y jamás se callaba. Hablaba y hablaba y hablaba de cosas que yo no entendía. Que su esposo, que sus hijos, que sus divertidas vacaciones en el psiquiátrico de Todos los Santos. Todos los días dejaba unos calzones en la ventana secándose y todos los días traía la misma ropa.

"Ana, llegó tu doctor", me dijo una enfermera que se asomó por la puerta.

Entró Juan Carlos, mi psiquiatra.

Juan Carlos se convirtió en mi doctor de planta en el momento en que mi mamá corrió al doctor que me estaba tratando (y lo hizo con toda la razón del mundo; más adelante explicaré por qué. Aquel doctor se creía Dios: ese es el adelanto que puedo dar).

Estaba acostada en mi cama (no sé por qué le digo "mi cama". Esa no era mi cama: era una cama que estaba en un lugar al cual yo no pertenecía). Estaba acostada en la cama, sin querer salir del cuarto. Llevaba todo el día ahí. Ni siquiera había comido y ya eran las seis de la tarde.

"¿Por qué estás aquí?", le pregunté.

"Para verte. Me quedaba de paso, yo vivo por aquí...", contestó.

"¿Cuánto tiempo más voy a estar aquí, Juan Carlos?"

"Todavía no lo sé, unos días más..."

"Si están castigándome, quiero que sepan que ya aprendí la lección. ¿Puedo irme ya?"

"Todavía no."

Cuando Juan Carlos se fue, doña Cata asomó la cabeza por la puerta.

"¿Ese es tu doctor?"

"Ajá..."

"¡Uy! Está bien guapote, se me hace que quieres con él... ¿te gusta?"

Doña Cata estaba muy equivocada y claramente no sabía que yo era *gay*.

"No, no quiero con él..."

"Deberían casarse ustedes dos."

Me di cuenta de que no tenía caso alegar. Doña Cata estaba malita de su cabeza, digo: había tratado de matar a su esposo y se había internado voluntariamente en un psiquiátrico para pasar unas vacaciones.

"Nunca me contaste por qué intentaste matar a tu esposo", cambié el tema.

Muy sonriente, contestó:

"Porque es un cabrón y ya no lo quiero."

"*Ok*, pero... ¿matarlo?"

"Sí, él me pega y me humilla."

Bueno, eso tiene sentido. "Yo probablemente haría lo mismo", pensé.

"Le puse veneno para ratas en su comida", continuó, "pero me cachó y me pegó, entonces me fui de la casa y me vine para acá. Solo mis hijos saben dónde estoy."

"¿Y cómo van las vacaciones hasta ahorita?"

"¡Padrísimas!"

EL FOUR SEASONS... *NOT*

Al día siguiente recibí la visita de mis papás y mi hermana. Nos sentamos en una mesa, en el horrible y seco jardín donde todos los hombres y mujeres tomaban el sol y comían comida chatarra que compraban en la tiendita del lugar.

"Quiero que sepan que estoy muy arrepentida, que ya aprendí lo que tenía que aprender y que jamás volveré a hacerlo", le dije a mi familia.

"¿Qué es lo que aprendiste?", preguntó mi mamá.

"Bueno, pues... que les estoy haciendo mucho daño a ustedes con todo lo que he hecho", contesté.

"No solo a nosotros, a ti también", agregó mi hermana.

"Sí, lo sé. A mí también. Y quiero ser una mejor persona y les juro que, si me sacan de aquí, voy a cambiar."

"Todavía vas a quedarte unos días más", dijo mi papá.

"¡No! Por favor, ¡sáquenme de aquí! ¿Qué no ven este lugar? ¡Es horrible!"

"Sí, sabemos que es horrible pero no íbamos a darte el lujo de estar OTRA VEZ en un psiquiátrico bonito."

Y sí, el Hospital Peninsular era el Four Seasons en comparación con este lugar.

"Regresamos en unos días por ti. De verdad, espero que lo que estás diciendo sea verdad porque ya no podemos más y no sabemos qué medidas tomar la próxima vez."

Se despidieron y se fueron.

En verdad pensé que mis palabras iban a lograr que me sacaran de ahí en ese momento; pensé que, cuando vieran el lugar donde me habían metido, iban a reaccionar y que iban a darme una oportunidad, pero no. Estaban muy heridos, enojados y tristes. Podía notarlo en sus miradas y en su manera de hablar.

Me acerqué a la tiendita; tenía hambre.

"¿Cuánto dinero puedo gastar?", le pregunté a la que atendía.

"Te dejaron cincuenta pesos diarios", contestó.

"Me das un *Gatorade* rojo y... unos *Ruffles* de queso y... unas donitas *Bimbo*."

"Anita, ¿me prestas dinero?", me dijo súbitamente doña Cata. "Es que mis hijos solo me dejaron cinco pesos diarios para la tiendita..."

¿Cinco pesos? Qué culeros. ¿Qué puedes comprar con cinco pesos? ¿Chicles?

"Lo que sobre dáselo a doña Cata, por favor", dije sonriendo y salí de la tiendita.

Me senté en una banca, sola.

Al poco tiempo llegó doña Cata, sonriente, con unos cacahuates japoneses y una *Coca-Cola* a sentarse conmigo.

"¿Esa era tu familia?", me preguntó.

"Ajá."

"Muy guapos todos. Tu mamá toda güerita, tu hermana muy bonita y tu papá muy alto..."

"Mhm..."

MARTILLAZOS

Algo se azotaba contra la pared. Parecían martillazos. Era en el cuarto de junto, estaba segura. Ya eran más de las doce de la noche y el ruido no me dejaba dormir.

"Qué es eso, ¿eh?", me preguntó doña Cata.

"No sé, pero viene del cuarto de junto..."

Las dos nos levantamos y salimos al pasillo, donde vimos a las enfermeras corriendo como locas hacia el cuarto contiguo.

Nos acercamos a la puerta, pero una de las enfermeras (que parecía travesti), nos gritó:

"¡Regresen a su cuarto!"

(La enfermera travesti nos daba nuestras medicinas todos los días.)

Logré ver un poco de la escena antes de regresar: nuestra vecina de cuarto estrellaba su cabeza contra la pared. Tenía la frente llena de sangre y la pared estaba manchada también.

"¡No mames! La señora estrelló su cabeza contra la pared, creo que se la abrió, estaba sangrando", le dije morbosamente a doña Cata.

"¡Qué loca!", contestó riendo.

Después de un rato, dejó de escucharse ruido.

"Ojalá no se haya lastimado mucho", pensé.

Al día siguiente salí temprano del cuarto. Doña Cata estaba dormida aún. En pijama, salí a caminar por el jardín. Casi nadie estaba despierto.

Me encontré a nuestra vecina con la cabeza vendada.

Nerviosa, desvié la mirada.

YERBITAS

En una de las jardineras estaba un chavo como de 25 años, fumando. Me acerqué a él...

"¿Me regalas un cigarro?", le pregunté.

"Claro", me contestó y sacó una cajetilla de *Delicados* de la bolsa del pantalón.

"*Delicados*. Esos me marean. En la prepa estaba prohibido fumar, pero el policía que se supone que nos cuidaba, nos regalaba *Delicados*", le dije.

"Jaja, sí, son un poco fuertes, pero son más baratos", contestó sonriente.

"Eso sí."

"¿Te digo un secreto?", me dijo con una sonrisa picarona.

"¡Sí! ¡Dime!", contesté emocionada.

"¿Ves estas yerbitas?", me dijo apuntando a la jardinera.

"Ajá."

"Ah, pues si te las fumas te pones bien chido. Inténtalo."

"¿De verdad?"

"De verdad. Nadie lo sabe pero es droga; yo siempre me las fumo..."

Corté varias yerbas y las guardé en mi sudadera.

"A ver si es cierto", le dije.

"Ya verás que sí..."

Antes de que mi *roommate* despertara, me encerré en el baño para preparar mi cigarro de yerbas mágicas.

Le vacié el tabaco a un cigarro normal y, aplastando las yerbitas, empecé a construir lo que pensaba que sería mi nueva droga favorita.

Una vez listo, lo prendí ahí mismo. Estaba demasiado emocionada; había sido una gran revelación de mi nuevo amigo... Nunca le pregunté su nombre, pero no importaba.

Toc, toc, toc, sonó la puerta del baño.

"¿Qué estás haciendo?"

Era la voz de la enfermera travesti.

Apagué el cigarro, que casi ya se acababa, en el excusado.

"Nada", dije al abrir la puerta, actuando muy normal.

"Huele a quemado…"

"Ah sí, estaba fumando."

"Ya sabes que no puedes fumar aquí adentro. Si quieres fumar, ¡salte!", me dijo enojada.

Sonreí y me acosté en la cama, esperando ansiosa a que llegaran los efectos de las yerbas mágicas.

Media hora pasó. Una hora. Doña Cata despertó y yo seguía sin sentir nada.

Hijo de su madre. "Este cabrón me engañó", pensé.

UN POEMA

"¡Hola, *Cuadernito!*", dije sonriente.

Por fin estaba adaptándome al lugar o tal vez simplemente estaba de buenas. Sabía que en un par de días iba a salir y regresar a mi vida normal.

La Cuadernito se acercó a mí y empezó a escribir cosas en mi hombro.

"¿Qué escribes, *Cuadernito?*", pregunté sin esperar respuesta. Sabía que *La Cuadernito* rara vez hablaba.

"Poema…", sorpresivamente me contestó.

"¿Un poema?"

"Poema de ti."

"¿Un poema de mí?"

"Matemáticas…"

"¿Un poema de matemáticas?"

"Matemáticas…"

"¿Te gustan las matemáticas?"

"Poema…"

Puta madre, sabía que esa plática podía durar horas, así que mejor desistí.

"Ahorita regreso, *Cuadernito*, ¿sí?"

"Sí", me contestó sonriente. Podía ver sus barbas y bigotes.

Jamás regresé y *Cuadernito* se quedó en el mismo *spot* por más de media hora, esperándome, hasta que fueron por ella.

Parecía que esta vez sí estaba en *Claymoore*.[3] Yo era Winona Ryder pero, ¿dónde estaba mi Angelina Jolie? ¿Mi Whoopi Goldberg? Definitivamente no era tan divertido como en la película: no había un salón de música, no podíamos tomar instrumentos musicales y cantar *Downtown* en el pasillo. No nos llevaban a comer helado en la nieve; mi vecina no era Brittany Murphy y mi *roomie* no era una mentirosa compulsiva. En definitiva, aquella no era una película de Hollywood.

LA PROMESA

Saqué unos *Delicados* de la bolsa de mi pantalón. Sí, ya fumaba *Delicados*. Me senté en la mesa ante la cual estaban mis papás, mi hermana y mi doctor, Juan Carlos.

Prendí un cigarro. Veía la cara de mi mamá y me pareció como si estuviera viendo a alguien más: yo no era su hija, era alguien más. Y sí, yo no me sentía como yo. Definitivamente me había convertido en alguien más, en una persona que estaba en un psiquiátrico y que hasta cierto punto llegaba a pensar que sí pertenecía ahí. Buscaba encontrarme, hacer contacto conmigo, pero yo misma volteaba la cara y la mirada. Veía a través de ellos, pero tampoco podía verlos bien. Sentía que eran extraños; veía su dolor pero no podía sentirlo. Estaba desconectada. Esa conexión que siempre habíamos tenido como familia, estaba rota. Yo la había roto.

"Esta no eres tú, esto no puede estar pasando, no puede estar pasándote a ti, a nosotros", dijo mi mamá.

No podía verlos de frente. La mayor parte del tiempo me dirigía a Juan Carlos.

Hice una promesa delante de Juan Carlos y mi familia. No iba a consumir más. Iba a salir de ahí e iba a iniciar una nueva vida, sin pas-

---

[3] Claymoore es el hospital psiquiátrico ficticio de la película *Girl, Interrupted*, protagonizada por Angelina Jolie y Winona Ryder.

tillas, sin drogas, nada de eso. Iba a ir a mis terapias con Juan Carlos una o dos veces a la semana. Los medicamentos iban a ser controlados por mi mamá.

No iba a regresar a lo mismo. No iba a ir a lugares a las once de la mañana a tomar vodkas de un litro; no iba a ir a antros *gay* y besarme con cualquier lencha que se me pusiera enfrente; no iba a combinar mi agua o mi bebida de Starbucks con medio frasco de *Tafil*; no iba a esconderme de mi familia y mis amigos para comprar pastillas o cualquier tipo de droga. No iba a despertar pensando en una estrategia para conseguir dinero o recetas para medicinas controladas.

Esta vez sí iba decidida a cambiar.

Esta vez sí estaba dispuesta a hacerlo.

Esta vez sí quería cambiar.

Esta vez sí iba a cumplir mi promesa.

O al menos eso creí.

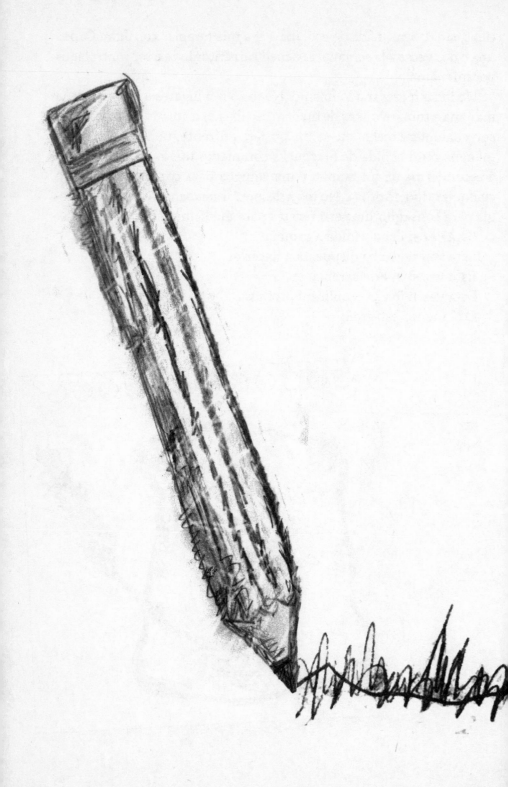

CINCO

capítulo

This used to be a FUNHOUSE BUT NOW ITs full OF EVIL clowns.

JACK

GÁRGOLAS

No pasó ni una semana de mi salida del psiquiátrico de Todos los Santos y ya estaba consumiendo de nuevo.

Ni siquiera lo había intentado; mi primer pensamiento y preocupación al salir fue cómo le iba a hacer para salirme con la mía sin que se dieran cuenta. Aunque esta vez estaba extremadamente vigilada por todos.

Empecé a tomar unas pastillas no tan difíciles de conseguir que ya había consumido antes, *Nocte*. Se necesitaba receta médica para comprarlas, pero yo tenía mis palancas en la farmacia de la viejita corrupta que me vendía lo que yo quería cuando le pagaba de más. El problema era que esta vez no contaba con mucho dinero. Era una misión difícil, pero me las arreglé. Cuando mis papás estaban distraídos o llegaban a dejar sus carteras y monederos sin vigilancia, yo me daba a la tarea de tomar 100 o 200 pesos. No eran baratas mis nuevas pastillas favoritas, pero valía la pena. Ya casi ninguna pastilla lograba causarme los efectos que estaba buscando, pero estas eran perfectas. Me anestesiaban por completo, pero aún lograba articular palabras y pensamientos de manera no tan sospechosa, aunque después de unos minutos empezaba a sentir efectos más alucinógenos y más si las combinaba con alcohol.

Había comprado una botella de *Smirnoff*, la cual mantenía escondida en mi clóset y mi dosis autorrecetada era tres pastillas y tres tragos de vodka. Después de una o dos horas me quedaba dormida. Solía decir a mis papás y a mi hermana que estaba cansada y la verdad es que en ese momento logré convencerlos de que estaba bien, que las pastillas que sí me había recetado Juan Carlos eran las que me hacían dormir de esa manera. El *Nocte* me causaba unas pesadillas horribles y aún cuando despertaba seguía viendo cosas. Demonios y sombras. Me veía a mí haciendo cosas que no estaba haciendo, como si estuviera presenciando una película de mí misma:

A ver, no. ¿Qué pedo? ¿En qué momento mi perro se convirtió en un castor? Algo no está bien. Definitivamente me pasé de pastillas o, ¿qué me tomé?

Ahí viene mi papá. Vamos a ver una película, Gladiador. Vamos a estrenar el surround system. Pero un castor sigue rondando en el piso. ¿Habrá atacado a Bullet? ¿Lo habrá matado? ¿Dónde está mi perro?

No puedo levantarme. El castor se subió al sillón conmigo. ¿Qué hago?, ¿lo acaricio?, ¿y si me muerde? Ya no entiendo nada.

"Estoy muy cansada, papá, mejor me voy a dormir", logré decir de una manera muy normal.

Estoy cenando un sándwich. ¿Qué pasó con la película? ¡Ah! Ahí está Bullet. ¿Y el castor dónde quedó? Creo que estoy un poco drogada.

Logré llegar a mi cuarto; no sé cómo pero creo que nadie se dio cuenta.

Estoy sola en mi cuarto. ¡No! No estoy sola: hay algo en el techo, ¿gárgolas? A ver, Ana Paola (¿estoy enojada conmigo misma?), ¿por qué habría gárgolas en tu cuarto? Cierro los ojos; cuando los abro, ya no hay gárgolas. Quiero levantarme pero no puedo. Volteo a ver el reloj que está en mi buró. Las manecillas se volvieron locas, ¡no paran! Agarro el reloj y le pego. Las manecillas paran. Mi reloj se convierte en colores fosforecentes y los números se derriten. ¡Este reloj está descompuesto! Lo aviento y pega en la pared haciéndose pedazos y soltando algún tipo de brillantina que después desaparece. Veo luces de colores. Cierro mis ojos y vuelvo a abrirlos. Siguen ahí. Vuelvo a cerrar mis ojos, veo todo negro. Prefiero mantenerlos cerrados. Así estoy a salvo. No vaya a ser que las gárgolas regresen.

SCRABBLE

Todo iba perfecto, sin sospechas por parte de mi familia hasta que un fin de semana fuimos a Cuernavaca a visitar a mis abuelos, como era costumbre una vez al mes.

Esta vez, el botiquín de medicinas de mi abuelo estaba bajo llave. Habían mandado poner un cerrojo gracias a mis anteriores robos de medicinas.

Fuck, fuck, fuck, ¿y ahora? Recordé que poseía habilidades para abrir cerrojos con *clips*, ya lo había hecho antes cuando estuve internada en VIVIR y había conseguido hacerlo a la perfección, así que busqué por toda la casa algún instrumento con el que pudiera abrir el botiquín. Y sí, encontré un *clip* y lo hice con mucho cuidado. En la casa estábamos mi abuelito, mi abuelita, mi hermana y yo. Logré sacar un frasquito de mis pastillas favoritas, *Clonazepam*. Me tomé la mitad de las pastillas del frasco.

"¿Jugamos *Scrabble*?", le dije a mi hermana.

La verdad es que no había muchas formas de entretenimiento en casa de los abuelos y, debido a que no me gusta nadar y mucho menos tomar el sol, jugar *Scrabble* era lo más divertido que podíamos hacer.

Entonces:

P-E-R-D-O.

"¿Perdo? ¿Qué es perdo? ¿Pedo? ¿Pedro? ¡No se pueden poner nombres propios!", me dijo Carla.

Yo escuchaba su voz a lo lejos, a pesar de que ella estaba sentada justo frente a mí.

Todo me daba vueltas; ni siquiera podía ver el tablero sin que todo se moviera. No lograba articular ninguna palabra. ¿Quise poner "Pedro"? No sé. Ya no estaba consciente.

"¿Ana? ¿Ana? ¡No manches! ¿Qué te tomaste?"

Veía a mi hermana gritar, pero no entendía mucho de lo que estaba pasando.

"¿Cuántas pastillas te tomaste? ¿Cómo lograste abrir el botiquín? ¡Ana! ¡Ana! ¡Contéstame!"

—*Blackout*—

Cuando abrí los ojos, vi enfermeras y doctores encima de mí. Tenía un tubo en la garganta y me dolía. Me dolía mucho. Intenté tragar saliva pero no pude.

—*Blackout*—

Volví a abrir los ojos. Auch, mi garganta.

"¡Quítenme este tubo!", intenté decir, pero los doctores me decían que no hablara, me pusieron anestesia y volví a quedar inconsciente.

Cuando recuperé el conocimiento de nuevo, vi a mi hermana, a mi mamá y a mi tía Corina alrededor.

"No, no puede ser que esto haya pasado. Una vez más se me salió de las manos", pensé. ¡¡¡*Fuck*!!! ¡Esto no debió haber pasado! ¡Qué pendeja soy!

"¿Qué pasó?", pregunté a pesar de que sabía a la perfección lo que había pasado.

"¿Qué pasó? Te estabas muriendo; tuvieron que lavarte el estómago", me contestó mi hermana, enojada.

"Perdón", fue lo único que logré decir.

"No pidas perdón, no se vale lo que hiciste. No otra vez, Ana, no se vale..."

"Mierda, la cagué *big time* y ya todo mi teatrito se fue a la mierda", pensé. "Seguro también se van a dar cuenta del *Nocte*. ¡Mierda!"

SIMULACRO DE MUERTE

Ya en México, en mi casa, nadie me hablaba. Todos estaban muy

enojados y estaba segura de que estaban planeando y pensando en el siguiente paso a seguir. Tal vez volver a meterme en el manicomio de Todos los Santos o tal vez botarme en la calle; no sé, pero cualquiera que fuera la decisión, seguro me lo merecía.

Tenía enfrente el cajón donde mi mamá guardaba mis medicinas bajo llave. Por indicación de Juan Carlos, ella era la que controlaba mis pastillas para evitar cualquier tipo de problema, pero para estas alturas ya no me importaba nada. Necesitaba hacer algo porque no podía salir de mi casa. Tenía que abrir ese cajón pero era casi imposible. No había otra opción más que forzar el cerrojo hasta que se rompiera y eso fue lo que hice, con rapidez y mucha fuerza antes de que alguien subiera y viera lo que estaba haciendo.

"¡Ah! ¡Lo logré! ¡A huevo!", pensé. "*Ok, ok, ok*... ¿cuál de mis pastillas es la más fuerte? *Tegretol*. Sí, *Tegretol*."

Saqué la caja y cerré el cajón como si nada hubiera pasado (aunque el cerrojo estaba roto ya). Tenía tiempo mientras todos subían. Estaban fumando un cigarro y tal vez hablando de mí.

Me tomé todos los *Tegretoles* de la caja, probablemente unos quince o veinte, no sé.

Esta vez sí sentía que me iba a morir. El *Tegretol* atacó mi sistema nervioso y no dejaba de temblar, un efecto que nunca antes había experimentado y no me gustaba. No tenía control sobre mis movimientos, a pesar de que intentaba mandarle señales a mi cuerpo. "Quiero mover el brazo", pensaba, pero no podía. Mi cerebro no me respondía. No tenía control motriz de mi cuerpo; nada. Pensaba con claridad, pero mi cuerpo no respondía. No podía hablar. Algo estaba muy mal.

Carla se dio cuenta de lo mal que estaba. Mis papás empezaron a hacerme preguntas. Las mismas preguntas de siempre: "¿Qué te tomaste y cuántas pastillas te tomaste?"

Pero yo no lograba responder.

Me subieron al auto y nos dirigimos al Hospital Peninsular. Estaba consciente de todo lo que estaba pasando, de todo lo que decían, pero por más que me preguntaban y por más que intentaba contestar, no podía.

"Esta vez sí me voy a morir o al menos ya me quedé pendeja por el resto de mi vida", pensé.

No podía tragar saliva, se me escurría toda. Mi ropa estaba llena de baba. Intenté vomitar, pero ni siquiera lograba mover mis brazos para llevarme los dedos a la boca y hacerlo.

"Trata de vomitar, Ana. Tienes que sacarlo todo", me decía Carla. Al fin pude hacerlo, aunque fue encima de ella. Toda su ropa y zapatos quedaron cubiertos de mi vómito.

Creo que podía ver mi cara de susto e impotencia porque empezó a acariciarme la cabeza y a decirme "tranquila, todo va a estar bien, ya casi llegamos". Pero no era cierto, había demasiado tráfico y yo sentía que mi corazón iba a explotar en cualquier momento.

"Tranquila, herma, tranquila..."

"Me voy a morir. Esta vez sí me voy a morir. Mi corazón está a punto de explotar", me repetía una y otra vez.

Una vez más estaba en una camilla. "¡Tenemos que hacerle lavado de estómago urgente!", escuché.

Al abrir los ojos estaba en un cuarto de hospital. Mi hermana me acompañaba. Todavía tenía el tubo en mi garganta, me dolía y me molestaba. Intenté hablar pero no pude.

Entró una doctora a hacerme preguntas y yo contestaba solo moviendo la cabeza.

"Muy bien, Ana; vas a pasar la noche aquí y después vamos a llevarte al pabellón 9."

"¡No! ¿Al pabellón 9 otra vez?", pensé.

"Te lo mereces por pendeja."

DE VUELTA EN EL 9

Estaba de regreso. Mi segunda vuelta en el pabellón 9. Había mucha gente nueva; ya no estaba mi amiga la señora Carola, ni Pedro el bipolar, ni mi amiga *teenager*, Azul. Pero la *Señora Sollozadora* Pilar aún seguía ahí; cuando me vio de nuevo sonrió, no sé si fue una sonrisa amable o simplemente una manera de decir "sabía que ibas a regresar"o qué bueno que volviste".

Esta vez mi familia estaba enojada. Podía sentirlo. No era como la primera vez que estuve ahí. Muchas cosas cambiaron: para empezar, mis doctores ya no eran los mismos que me atendieron la primera vez.

Mi mamá sentía cierto tipo de odio hacia uno de mis doctores; lo vi durante más de dos años. Desde el principio, ella supo que había algo en él que no le cuadraba del todo. Algo raro. Su manera de hablar: como si fuera Dios, prepotente e indiferente hacia sus pacientes. El *Doctor Dios* era considerado una "eminencia" en ese círculo de doctores, pero para mi mamá simplemente era un cabrón al que no le importaba su hija.

El *Doctor Dios* asustaba a mis papás cada vez que los veía. Les decía que yo estaba muy mal, que mi caso era muy grave y que ya no veía por dónde ayudarme. Esto devastaba a mis papás, pero yo no lo supe hasta después. Yo no sabía ni me enteraba de nada de lo que hablaban.

Y sí, hasta la fecha mi mamá culpa al *Doctor Dios* de muchas cosas. En una de sus juntas, antes de que mi mamá lo despidiera, pudo decirle todo lo que realmente pensaba de él:

"¿Cómo es posible que, después de tratar a Ana Paola, hasta ahorita aceptas que efectivamente sí es *borderline*, cuando durante años no nos diste un diagnóstico acertado?"

"¿Cómo es posible que fueras el principal proveedor de tantos medicamentos cuando sabías su tendencia a las adicciones?"

"¿Cómo es posible que jamás te dieras cuenta de lo que realmente le estaba pasando?"

Dios calló; no tuvo más respuestas.

"Yo ya no quiero que TÚ trates a mi hija", agregó mi mamá.

Y así fue: el *Doctor Dios* dejó de ser mi médico y solo quedó Juan Carlos, encargado de mi caso antes de mi internamiento en el psiquiátrico de Todos los Santos, el que se suponía que iba a ser mi último internamiento, o al menos eso había prometido. Pero una vez más estaba en el Pabellón Psiquiátrico del Hospital Peninsular.

La última en el Peninsular.

La última y nos vamos.

Las enfermeras eran las mismas. También estaban los gorilas que solían amarrarme a la cama cada vez que me ponía agresiva o loca.

Aunque ahora estaba en un cuarto distinto, la dinámica era la misma que la primera vez: tenía una guarura personal que era mi cuidadora, una en el día y una en la noche. Esta vez no me tomé el tiempo de conocerlas bien ni de platicar con ellas; no me interesaba. No quería y no pensaba estar mucho tiempo ahí.

De hecho, ya ni siquiera me preguntaba por qué estaba ahí; sabía a la perfección lo que había pasado. Esta vez mi actitud era diferente: estaba en un momento de aceptación y derrota ante mi enfermedad y eso me deprimió.

Aunque no lo quisiera, estaba más consciente de lo que estaba pasando.

Ya no veía cosas: no más alucinaciones, no más conejos blancos.

Empecé a percatarme de que sí tenía un problema serio, pero solo porque todo se derrumbaba. Mi realidad cada vez estaba más presente y era una realidad que no me gustaba.

¿Cómo era posible que la hubiera cagado una vez más? ¿Cómo era posible que hubiera llegado ahí por segunda vez, internada por quinta ocasión en un lugar así?

Estaba desconectada y cansada de esa realidad.

PESADILLA EN LA TIENDA APPLE

Constantemente tenía pesadillas. Me despertaba en la madrugada y por lo general ya no podía volver a dormir. Escuchaba los ronquidos de mi cuidadora mientras veía al techo y pensaba en todo lo que había hecho mal y cómo había llegado a ese punto.

Estoy en una tienda Apple. Un niño me ve a lo lejos. Me siento incómoda; no deja de verme.

De pronto, una gran bola de fuego entra a toda velocidad por la puerta de la tienda y cae sobre el niño.

Empieza a incendiarse. Veo cómo su piel se quema y no deja de gritar de dolor. Nadie a su alrededor hace nada; es más, nadie se da cuenta de lo que está pasando. ¿Cómo nadie notó la enorme bola de fuego? ¿Qué pasa? Tengo que ayudar al niño, pero no sé cómo. Grito: "¡Ayuda! ¡Ayuda!", pero nadie me escucha, nadie voltea.

Corro hacia el niño e intento apagar el fuego con mis manos. No me importa quemármelas; duele, pero es más importante salvarlo a él. No sé por qué.

"¡Ayúdame!", grita el niño sin parar. "¡Ayúdame por favor!"

Busco a mi alrededor algo con lo que pueda apagar las llamas, pero no encuentro nada.

El niño me toma de las manos y me dice: "Nadie puede ayudarme; tampoco pueden ayudarte a ti...", y cae al piso hecho cenizas.

Pensé que despertar sudando, saltando de un brinco, solo pasaba en las películas. Me di cuenta de que no era así cuando me ocurrió lo mismo.

MARIANA

Desvelada y sentada como zombi en la tierra, intento hacer un castillo de lodo. Veo a las enfermeras pasar por los pasillos. Mi cuidadora está sentada en un rincón del jardín (sin pasto, pura tierra) leyendo uno de esos libritos chafas que venden afuera del metro.

Tengo las uñas llenas de tierra, pero no me importa. No tengo nada mejor que hacer.

"Ya, Anita, deja de jugar con el lodo como niña chiquita; vamos a la sala de TV a ver una película", me dice mi cuidadora.

La sigo para allá.

Al entrar a la sala de TV noto que hay una persona nueva, una chava de mi edad, tal vez un poco más chica.

La película *El perfume* está puesta. Me siento a su lado y espero que me haga la plática.

No pasan ni dos minutos cuando me dice:

"¿Ya la viste?"

"Sí, es muy buena", le contesté.

"Sí, es buena pero no tanto como el libro, ¿lo leíste?"

"Sí, claro. ¿Quién no ha leído *El perfume*?"

Sonríe y regresa a ver la película.

Quería platicar más con ella. Era muy bonita y me llamaba mucho la atención. Me pregunté por qué estaría ahí. Probablemente su historia era similar a la mía. Y es que no había mucha gente joven por ese lugar...

Al terminar la película me dice:

"¿Vamos por un café?"

Nos sentamos en unas banquitas. Las dos les dijimos a nuestras cuidadoras que no había necesidad de que estuvieran a lado de nosotras como pegostes, así que las dos cuidadoras se pusieron a platicar en otra banca.

"¿Y por qué estás aquí?", me pregunta.

"Mmm, pues... por muchas razones, creo."

"¿Como cuáles?"

"Una, y creo que la principal, es abuso de sustancias."

"Mhm... típico."

"¿Tú también?"

"No, no. Yo no... ¿Qué más?"

"Me diagnosticaron *borderline personality disorder*..."

"Ah, ya. También típico."

"Sí, supongo que sí. Según yo, casi todos somos *border*."

"Así es."

"¿Y tú? ¿Por qué estás aquí?", le pregunto, intrigada.

"Me cacharon con mi novia."

"Jajajaja, típico", le contesto.

"Jajaja, ya sé."

"Cuéntame."

"Pues nada, ya sabes: entra mi mamá al cuarto y me ve con ella. Estábamos fajando."

"Ah, fajando, no cogiendo."

"Jajaja, no... todavía no llegábamos a esa parte."

"¿Y qué pasó?"

"Pues esa fue la gota que derramó el vaso. La verdad es que ya había tenido muchos problemas con ellos y ya me habían amenazado con meterme a un lugar de estos."

"Yo también soy *gay*, pero mis papás no tienen pedos con eso."

"Qué suerte tienes."

"Niñas, a comer", nos dice una de las cuidadoras.

"Me caga la comida de aquí", digo con una mueca.

"Ya sé, es horrible."

"Bueno, nos vemos al rato."

"Va. Por cierto, me llamo Mariana."

"Ana."

DIBUJANDO CON LA DOCTORA AMABILIDAD

"¿Cuál es su sueño más grande? ¿Qué es lo que quieren hacer? Dibújenlo."

Estábamos en algún tipo de terapia con la *Doctora Amabilidad*, una doctora que, estoy segura, era una de las internas. Se notaba que no tenía mucha experiencia.

"Qué hueva", dijo uno de mis compañeros.

Todos soltamos una carcajada.

"¿Qué voy a querer a mi edad?", continuó. "Yo ya no quiero nada, estoy muy bien."

"Bueno, Pedro, dibuja algo, lo que sea que te gustaría", contestó la doctora, nerviosa.

Había plumones y crayolas en el centro de la mesa.

Me encanta dibujar, pero... ¿qué es lo que quiero dibujar? ¿Qué es lo que quiero? ¿Cuál es mi sueño?

Un elefante. No sé dibujar elefantes, pero este me quedó extremadamente bonito. Un león. Una cebra. Un tigre. Un árbol baobab. Montañas. Pasto. *Bullet*. Carla. Mamá. Papá... yo. Ya está. No sabía exactamente qué significaba, pero creo que tenía una idea.

"¿Qué dibujaste, Ana?", me preguntó la doctora con una sonrisota.

Me di cuenta de que tenía un pequeño arete en la nariz, un puntito chiquito, casi ni se notaba.

Enseñé la hoja con mi dibujo y vi cómo todos se acercaron a verlo.

"Dibujas bien chingón", dijo Pedro.

"Sí, Ana, qué bonito dibujo", dijo la *Doctora Amabilidad*.

Me sentí como en el kínder. ¿Iban a darme una estrella o qué pedo?

"¿Y qué significa?", preguntó Mariana.

"Bueno, pues... es mi familia y estamos como en África."

"¿Quieres ir a África con tu familia?", agregó la *Doctora Amabilidad*.

"Mmm... supongo que sí..."

"¡Muy bien, Ana!"

"¿Me saqué diez?", pregunté.

Todos soltaron una carcajada.

PULPOS EXTRATERRESTRES

Me asomo a mi balcón y noto que se aproxima una enorme nube gris, acompañada de truenos y relámpagos. El escenario parece algo apocalíptico. Me encanta.

Cierro las ventanas y las puertas que se azotan con el fuerte aire. ¿Estoy en una película? ¿Aparecerán aliens en una enorme nave espacial detrás de esa nube gris?

Bullet no deja de ladrar. Tengo que hacer algo para protegerlo. No sé qué vaya a pasar; tengo que estar preparada.

Las ventanas vuelven a abrirse, azotándose con fuerza. ¡Pack! ¡Pack!

"*¡Bullet!* ¡Métete a tu caseta!", le grito, desesperada.

Bullet de inmediato hace caso a mi orden, algo inédito.

Un tentáculo logra meterse por mi balcón. Es morado con gris y destruye todo lo que encuentra. Logro ver que a lo lejos se aproximan unos diez de esos pulpos alienígenas.

"¡El rifle de mi papá!", pienso. Corro a su cuarto a buscar el instrumento que salvará mi vida y la de Bullet.

Normalmente no dispararía el rifle de mi papá, ¡pero estoy en una situación de vida o muerte!

¡Pum! ¡Pum! Dos disparos. El tentáculo sale volando, acompañado de un moco color morado que resulta ser algún tipo de ácido que derrite el piso y las paredes. Una plasta de moco cae en mi brazo y empieza a derretirlo. Me arde y puedo ver mi hueso.

Bullet sale de su caseta y me dice:

"*¡Tenemos que quemarlos!*"

¿Cómo? ¿Bullet está hablándome? Tiene una voz muy sexy. Siempre he pensado que si Bullet fuera humano sería del tipo de Brad Pitt.

"¡Tienes razón! ¡Vamos a explotar el *boiler!*", le contesto a mi perro que parece entender perfectamente lo que le digo.

Blackout.

Todo está destruido. Solo quedamos Bullet y yo. Los dos caminamos despacio por los escombros, buscando algo o a alguien.

¿Dónde están Will Smith y su perro? Al parecer estamos en el set de la película *Soy leyenda*.

Una vez más desperté alterada, preguntándome por qué estoy soñando ese tipo de cosas. Tal vez veía demasiadas películas o tal vez mi mente trataba de decirme algo: ¿Es este el final? ¿Voy a morir o tengo que luchar?

LA CARTA DE CARLA

Aunque mi mamá me visitaba dos veces por semana, pasaban los días y mi hermana no iba a visitarme. Estoy segura de que en su camino hacia el Hospital Peninsular pensaba en todo lo que quería decirme, porque cuando llegaba podía ver en su cara la necesidad de respuestas y de querer conectar conmigo, hablar de algo profundo. Yo no podía hacerlo, así que optaba por reaccionar negativamente hasta que cambiábamos el tema y empezábamos a hablar de cosas irrelevantes y sin sentido, comenzando por la pregunta "¿cómo estás?", a la cual siempre contestaba con un "bien", pero las dos sabíamos que no estaba bien.

My Dearest BOB:
I never meant to hurt you.
I'm sorry!

I love you.

S.

Después de un rato me quedaba viendo a la nada, como dándole a entender a mi mamá que era hora de que se fuera, que ya no teníamos nada más que platicar. Y así era: se iba y yo podía sentir el dolor y la confusión en su corazón cada vez que se despedía de mí.

Los fines de semana iban mi mamá y mi papá a verme y se quedaban horas hablando con los doctores. Lo que más le importaba a mi mamá era lo que decía Juan Carlos. Ella tenía mucha fe en él y en que podía e iba a ayudarme. Y sí, de los doctores que me trataron, estoy segura de que él era el único que realmente estaba interesado en mi caso, en ayudarme y en sacarme adelante.

"Por favor, déjame acariciarte tu cabecita", me dijo mi mamá.

El corazón se me hizo chiquito. No había nada que yo quisiera y necesitara más que una caricia de mi mamá.

Me acosté en la cama y sentí cómo me acariciaba y todo el amor que me transmitía.

Por más que quería conectar con ellos, no podía: los alejaba y ahora estoy segura de que era para, de alguna manera, protegerlos. Para no lastimarlos más. Pero ahora sé que lo que más los lastimaba era que los alejara de esa manera, en esos momentos cuando todos necesitábamos estar unidos. Era como si yo hubiera querido estar sola, pero nunca lo hicieron. Nunca me dejaron sola.

Lo que más me dolía era el hecho de que mi hermana no quisiera verme. Ella se negaba a ir a visitarme. Estaba muy enojada y herida, y yo no tenía idea de cómo remediar eso.

Un día me llegó una carta suya.

La abrí con desesperación. Tenía que saber qué decía.

Hermana:

¿Cómo te va? Sé que una carta a computadora es más impersonal que si te la escribiera de mi puño y letra, así que mejor imagina que te la escribí con mi letra fea y mis faltas de ortografía.

No he ido a verte porque estoy muy triste y decepcionada, pero te escribo esta carta para que sepas que te amo con todo mi corazón. ¿Sabes? Cuando hay un lazo de amor entre dos personas, este se incrementa con una separación. A veces es necesaria. NADA en este mundo puede romper ese lazo que tenemos tú y yo. Es muy especial.

Estoy en mi clase de Teoría de la Comunicación, me saqué 8 en mi examen porque se me olvidó contestar una pregunta. Traigo puesta la pulsera que me diste y cada vez que la veo me acuerdo de ti. Te extraño.

This is your last chance, please grasp it while you can. Ya no sé si puedo confiar en ti, nos has decepcionado tantas veces que es muy difícil poder hacerlo.

Estoy contigo hasta el final, pero creo que eso ya lo sabes.

Soon you will become your own inspiration. You will see in time. You are also mine.

Be strong, I love you.

Carla

CONGELADA

Las enfermeras no dejaban de verme. Todo parecía tornarse en algo muy raro, como si fuera un mal viaje: sentía que todos me veían y que estaban hablando mal de mí. Ya había sentido eso antes y le había echado la culpa a la mota que estaba fumando, aunque esa vez tampoco fue la primera.

Un año atrás había estado con cinco o seis amigos: teníamos marihuana suficiente para varios churros y yo preparé el primero. Todos fumamos. Reíamos y bromeábamos. Todo era perfecto. De pronto, todo y todos empezaron a moverse en cámara lenta. Sabía que era algún tipo de truco por parte de mi drogada mente. Todos parecían convertirse en mis enemigos, me veían raro y estaba segura de que estaban hablando de mí, estaban planeando algo contra mí.

"*¡Manguita!* Haz el siguiente churro", me dijo una de ellas.

No podía. Todo era demasiado confuso. Solo pude sentarme en las escaleras a observar todo el escenario, como si fuera una obra de teatro. Todos se movían con movimientos cortados, como si fueran títeres, como si alguien o algo estuviera controlándolos. Volteaban a verme y se secreteaban entre ellos. Definitivamente iban a matarme, querían hacerme algo malo. Tenía que salir de ahí lo antes posible pero... parecía que no podía caminar.

¿Soy un robot? ¿Por qué me muevo como si fuera uno? Me acercaba lentamente a la puerta pero no podía controlar mis movimientos.

"*¡Güey!* ¿Adónde vas?", escuché que me gritaban.

Traté de acelerar el paso, pero no pude. Estaba teniendo algún tipo de convulsión; sentía que mis ojos se abrían y cerraban sin control alguno.

"¡Métele un hielo a la cola! Con eso se le quita", gritó una de mis amigas.

Sentí cómo metieron la mano a mi pantalón con un hielo. Sentí cómo todo mi cuerpo dejó de moverse. Y sentí que mi sangre se convirtió en hielo. Me congelé. Todo mi cuerpo estaba congelado.

"*¡Güey!* Estás helada. ¿Qué pedo?"

Cuando finalmente pude moverme, me dirigí a la puerta, después a la reja y salí de la casa con movimientos torpes.

"*¡Güey!*¿Adónde vas? ¡Métete a la casa! ¡Estás bien pacheca!"

Y sí, tal vez estaba muy pacheca pero no entendía qué era lo que acababa de pasar. Ya no quería estar ahí adentro. Caminé por la calle y casi al llegar a una avenida me di cuenta de que estaba descalza.

"*¡Manga!* ¡Súbete al carro!", una de mis amigas me gritó desde su coche. "¡Te llevo a tu casa!"

En el pabellón 9 no había manera de fumar marihuana, entonces no entendía por qué empezaba a pasarme lo mismo que ese día.

Las enfermeras, las doctoras, incluso mi cuidadora se convirtieron en títeres. Estaba esperando convulsionarme o congelarme en cualquier momento...

Pero no llegué a ese punto.

Tal vez ese día no fue la mota, solo mi mente. No sé; ya no confiaba en mí.

Tenía miedo de mi propia mente.

LA OTRA PROMESA

Extrañamente, empecé a sentirme más cuerda que nunca. Algunas cosas aún parecían borrosas y confusas, pero estaba más consciente de qué estaba pasando, de qué había pasado en el lapso de esos ocho meses.

Ya no había conejos blancos que me llamaran; no buscaba más salir por las coladeras; las lagartijas, abejas y demás animales ya no eran mis amigos.

Todo parecía regresar a la normalidad. Yo parecía estar regresando a la normalidad, excepto que aún estaba en un loquero rodeado de gente rara y ahora sí estaba segura de que no pertenecía ahí.

Llegué a dudarlo muchas veces, pero esta vez estaba segura.

Pasaban los días y aún no me visitaba mi hermana. Eso era lo que más me angustiaba.

Me angustiaba que no me visitara porque sabía que no quería verme, que estaba enojada, decepcionada y, bueno, la última vez que me vio yo estaba segura de que iba a morirme y no quiero imaginar lo que ella presenció.

Estoy segura de que pensó que también era la última vez que iba a verme... viva. Me imagino qué se sentirá que alguien te haga una promesa y que la rompa tantas veces. Al final, por supuesto, ya te hace demasiado daño intentar creerle una vez más.

Un día, sin embargo, la vi entrar por la puerta de mi cuarto. Recuerdo cómo mi corazón empezó a latir con fuerza. Me sentía muy nerviosa. Sabía que quería y tenía que decirle muchas cosas, pero no estaba segura por dónde empezar.

"Hola herma...", le dije con la voz medio cortada.

"Hola", me contestó muy seria.

"Gracias por venir".

"Mhm."

"¿Y qué me cuentas?"

"Ana, ¿sabes que te puedes morir? ¿Sabes que todas esas veces pudiste haber muerto?"

Sus palabras me dejaron helada.

"Sí, lo sé", contesté confundida. Definitivamente no pensé que así empezaría nuestra plática.

"El *Doctor Dios* les dijo a mis papás que te ibas a morir, que mejor fuéramos haciéndonos a la idea porque generalmente los casos como el tuyo terminan mal y la verdad estoy muy asustada..."

No sabía qué decir. También fue impactante para mí escuchar esto. ¿Iba a morir? ¿De verdad no existía esperanza alguna en mi caso?

"¿Y tú crees eso?"

"La verdad ya no sé qué creer, Ana. Estoy muy confundida."

"Necesito que me creas a mí. Voy a estar bien; ya voy a salir de aquí en unos días y voy a estar bien. Quiero que me creas..."

"No puedo, Ana, de verdad no puedo."

"Por favor, hermana; sé que lo he prometido muchas veces, pero necesito que esta vez me creas..."

"Estoy muy cansada y mis papás también. Ya no podemos con todo esto."

Ya no sabía qué decir. ¿Cómo podía seguir prometiendo algo que ni siquiera estaba segura de poder cumplir? De verdad lo creía y de verdad estaba dispuesta pero, ¿cómo podía confiar en mí misma?

"¡No quiero que te mueras! ¡No quiero!", me dijo con lágrimas en sus ojos.

"Hermana, no voy a morirme... te juro que no me voy a morir; voy a estar bien, te lo juro. Es una promesa de amor que te hago, por el amor que te tengo a ti y a mis papás."

Hubo un silencio largo.

"No lo sé, Ana. No quiero hacerme ilusiones, pero de verdad espero que esta vez sea cierto..."

"Ya verás que sí... los amo con todo mi corazón y estoy dispuesta a hacerlo."

"Eso espero."

Sin más, se despidió de mí.

"Nos vemos afuera", le dije con una gran sonrisa.

"Sí, Ana, nos vemos afuera", me contestó sin ganas.

FRENTE AL ESPEJO

Estoy frente al espejo. Veo mi cara y la noto deforme, como si una parte estuviera derretida. Estoy asustada y confundida. ¿Qué le pasa a mi cara? ¿Por qué veo una imagen distorsionada? Tal vez soy esa persona; tal vez estoy podrida por dentro, incluso muerta. No lo sé.

Estoy muy enojada y desesperada. Tengo que hacer algo para cambiar eso que veo en el espejo. Con uno de mis puños lo rompo. Veo cómo caen todos los pedacitos de vidrio al piso. Mi mano está sangrando pero no me duele.

Tomo un pedazo grande de vidrio y corto mi brazo. Es tan profunda la cortada que puedo ver mi hueso. Corto mi otro brazo de la misma manera. Después corto mi cara. Puedo ver el músculo. Corto mi frente, mi barbilla. Tengo la cara deformada y llena de sangre. El piso del baño es rojo; estoy pisando mi sangre. Por último, corto mis muñecas y mi yugular.

Mi cuidadora entra al baño y corre por ayuda, esperando que lleguen los doctores antes de que sea demasiado tarde.

Alguien me toma de los brazos y mi arma cae al piso. Me estoy desangrando. Me agarran tan fuerte que no puedo moverme. Doy patadas y pongo toda mi fuerza en poder soltarme pero me es imposible. Muerdo el brazo de uno de los doctores y logro liberarme. Salgo corriendo por el pasillo, dejando rastros de sangre por todos lados. Logro llegar a la puerta de salida y la atravieso con mi cuerpo, rompiéndola por completo. Caigo al piso totalmente débil, desangrada, esperando morir. . .

"Vamos Ana, todavía estás a tiempo", me dice mi hermana que de pronto aparece en la escena. . .

De un salto me siento en la cama, sudando, una vez más, como en las películas. Todo fue una pesadilla, una pesadilla que parecía ser real.

"Hoy me voy a casa", logro decirme a mí misma para tranquilizarme.

Al fin me voy a casa.

EL RETORNO

El dolor es
inevitable.
El sufrimiento
es opcional.

EQUIS

Mi cabeza no dejaba de dar vueltas: demasiados pensamientos, demasiado rápidos, pasaban por ella. Era difícil detenerse a analizar uno solo.

¿Por qué, si estaba en casa, no me sentía como en casa? Siempre había sido mi *safe place*, mi lugar favorito, mi cueva. ¿Por qué me sentía ajena a ella?

Tal vez había pasado demasiado tiempo fuera o tal vez ya no pertenecía ahí; tal vez mi lugar ahora era alguno de los loqueros en los que estuve; tal vez la gente que conocí a lo largo de esos meses era mi nueva familia. Tal vez doña Cata era mi mamá y Pedro *El Bipolar* era mi papá... tal vez *La Cuadernito* era mi nueva hermana.

Estaba triste, cansada, en medio de una lucha por seguir adelante y por cumplir todas mis promesas. Pero, sobre todo, con miedo a enfrentar el mundo. Escuchaba voces y de vez en cuando seguía viendo cosas que no estaban ahí.

Toda la comida me sabía igual. Comí tan mal y tan feo tantos meses que ya nada era diferente en mi paladar, ni siquiera la comida casera que siempre me había gustado tanto. La señora Rosa, mi muchacha, me hizo espagueti poblano (mi favorito) y ni siquiera noté la diferencia entre eso y las quesadillas horribles que me daban en el Hospital Peninsular.

¿Por qué no podía agarrarle el placer de nuevo a todo lo que antes me gustaba? No pasé siete años en el Tíbet. O sea, sí estuve encerrada un buen rato pero, ¿por qué todo había cambiado en tan poco tiempo?

Poca gente se enteró de que ya estaba en casa. Yo no quería que se corriera la voz; no tenía ganas de ver a nadie, de hacer nada. Quería poder volver a conectar con mi casa y mi familia antes que cualquier cosa: el mundo no era mi prioridad; al contrario: entre más alejada me mantuviera de él, mejor.

¿Debía estar feliz? ¿Debía llamar por teléfono a mis amigos y organizar una fiesta? ¿Debía salir y divertirme? ¿Qué era lo que tenía que hacer para regresar a ser yo? El problema es que *esa* no era yo:

era un zombi apoderado de mi cuerpo. Un zombi sin sentimientos, sin sensaciones, sin habla, sin opinión. "Equis" era mi nueva palabra favorita. Todo era... equis.

Intentaba no estar sola. Me aterraba estar conmigo y con mis pensamientos, pero tampoco lograba poder convivir de manera normal con mi familia, ni siquiera con mi hermana.

"¡Ya sé! ¡Vamos a Mixup a comprar pelis de terror!", me dijo mi hermana emocionada tratando de animarme, intentando conseguir cualquier respuesta diferente a "equis".

La colección de las siete películas de Freddy Krueger, *La novia de Chucky*, *El hijo de Chucky*, *Desollador*, *Jeepers Creepers*, *La maldición*, *Supernatural*. Tal vez exageramos, pero por un momento me sentí feliz. Estaba haciendo una de las cosas que más me gustaban en el mundo.

Para mí, esa tarde fue perfecta. Palomitas, *Coca-Cola*, chocolates, gomitas, paletas heladas. *Ok*, tal vez exageramos con la tragadera también. Y lo más importante... estaba con ella, con mi hermana, con "*My person*", como diría Meredith Grey de *Grey's Anatomy*. Sí, éramos (bueno, somos) Meredith y Cristina, con la diferencia de que tenemos la misma sangre.

Al parecer era la consentida de la casa o estábamos de fiesta por mi regreso. "¡Vamos a pedir alitas a Wingstop! ¡Pidan todo lo que quieran!", dijo mi papá. Como si no hubiera sido poco lo que tragamos en la tarde viendo películas, todos cenamos alitas. Logré reír dos o tres veces y pensé que lo estaba logrando, que estaba siendo parte de mi familia de nuevo, que estábamos siendo la misma familia de siempre.

Por dos semanas seguidas no salí de mi casa ni a la esquina; si quería cigarros, pedía que me los trajeran. No quería salir al mundo, no había necesidad; quizá porque empezaba a sentirme parte de mi hogar. No pasaba por mi cabeza que tal vez era hora de integrarme al mundo de nuevo, aunque fuera poco a poco. No pasaba por mi cabeza que tal vez tenía que regresar a la escuela o buscar trabajo. No existía el mundo exterior. Éramos Carla, mamá, papá, *Bullet* y yo. Nadie más.

Todo era perfecto, aunque por mi cabeza a veces pasaban pensamientos de salir e ir a la farmacia más cercana a comprar cualquier cosa que me hiciera sentir como antes, pero no lo hacía. Temblaba y vomitaba, pero no lo hacía. Tal vez me había convertido en alguien muy fuerte o tal vez de verdad tenía pavor a regresar a alguno de esos lugares. No sé. Equis.

¡Ja!

HÉROES

"**M**e acuerdo del día cuando me citaste en Starbucks para decirme que creías tener un problema de alimentación", me dijo mi papá sentado frente a mí, con un cigarro en la mano. "¿Por qué no me dijiste lo de las pastillas?"

"No sé, Pa; tenía miedo y pensé que lo otro era más importante. En ese momento no veía lo de las pastillas como una amenaza, al contrario...", le contesté, después de dar una bocanada a mi cigarro también.

Mi papá es un gran bebedor de café, al igual que yo. Nos fuimos al Starbucks que está cerca de la casa porque me dijo que necesitaba platicar conmigo.

"Nunca pensé que este era el principio de una pesadilla", continuó.

"Yo tampoco."

"Estabas desesperada, me dijiste que no tenías control sobre ti. Me acuerdo que a partir de tu primer internamiento yo me convertí en un zombi. Iba al trabajo pero mi mente siempre estaba pensando en ti. Sentía que todo recaía en mis hombros, porque obviamente yo tenía que pagar todo. Soy la cabeza de esta familia, ya lo sabes..."

"Sí, lo sé, Pa."

"¿Sabes? Nos dijeron que tu tipo de casos generalmente tenían un final trágico y que debíamos estar preparados. ¿Tienes idea del miedo que sentía? Es lo más duro que he vivido; tener ese sentimiento de saber que en cualquier momento tu hija puede quitarse la vida."

"Pa, aquí estoy. Nada de eso pasó."

"Exacto, se equivocaron. Aquí estás." Apagó su cigarro y me dijo: "¿Te cuento algo?"

"Sí", le contesté con una sonrisa.

"Bueno, pues cuando había menos esperanzas de tu recuperación, cuando te internamos en Todos los Santos; ahí con tu amiga la *Señora de los Calzones*, ¡ja!, un día, en la hora de mi comida, fui a visitarte. Antes pasé a comer al restaurante Arroyo, uno que está muy cerca del hospital. Y ahí pasó algo muy interesante. Se acercó uno de esos personajes que salen de quién sabe dónde con unos canarios en una jaulita y me dijo: "¿No quiere que mis pajaritos le digan su suerte? Diez pesitos, ándele, anímese...". Era un viejito muy tierno, así es que le dije: "Ándele pues" y sacó de la jaulita un canario blanco y le dio una semillita. El pajarín se acercó a una cajita y con su piquito sacó un pequeño papelito de china color rosa, se lo entregó al viejito en la mano y él me lo pasó para que lo leyera. Decía: *Tu sufrimiento está próximo a terminar, sé fuerte.* Al leerlo no pude evitar llorar. Se me salieron las lágrimas. El viejito se quedó viéndome, asustado, y me dijo: "Ay, señor, no sé qué diga su suerte, pero le aseguro que así será", y se fue."

Mi papá sacó su cartera y me enseñó el papelito.

"Mira, hasta la fecha conservo ese papelito."

Inevitablemente, las lágrimas se me salieron.

"Ay, Pa...", dije sin poder decir nada más.

"Después me fui al Todos los Santos a verte...", continuó. "Te sentaste conmigo en una mesita en el patio central y los dos notamos que alguien nos veía a través de una reja metálica. Me dijiste que esa mujer estaba bien *looney*, que estrellaba su cabeza contra las paredes hasta sacarse sangre."

"¡Ja! Me acuerdo de esa mujer", lo interrumpí.

"Recuerdo que sacaste de tu bolsa del pantalón unos cigarros *Delicados* o algo así, bien chafón. Me preguntaste que hasta cuándo ibas a estar ahí. Te contesté que no sabía, que afuera no podías estar porque no podías controlarte. Yo trataba de razonar contigo pero era imposible; era como si no estuvieras ahí. Me escuchabas pero no me veías. Era muy difícil, mi Paito. Finalmente nos despedimos y salí de ahí pidiendo que de verdad todo acabara pronto. Ya la familia estaba cansada, debilitada y asustada. Ya no veíamos por dónde."

"Pa, ya acabó, te lo juro. Tienes que creerme. Jamás van a tener que vivir eso de nuevo."

"De verdad eso espero, hijita, porque sé que no podría vivirlo de nuevo y sé que tú tampoco. Recuerda: tú y yo somos *survivors*. Hemos caído en las garras de las adicciones y salir de ello nos hace ser héroes."

No quiero ni imaginarme los huevos que se necesitan para salir de una adicción tú solito. Un día decir: *This is fucking it!* y no volver a hacerlo. Claro, suena padrísimo y sencillísimo, pero esa es una mínima parte por la que admiro tanto a mi papá. Claro, tuvieron que pasar muchas cosas feas, malas, para que llegara a ese punto, para que llegara a "tocar fondo"... Pero tocar fondo es un término demasiado usado. En este caso fue más bien un HASTA AQUÍ.

De alguna manera, pienso que hasta que una persona adicta no logra decir HASTA AQUÍ solita, sin que nadie influya en esa decisión, solo hasta entonces puede empezar su verdadera recuperación.

"Eres mi héroe, Paito..."

"Tú eres mi héroe, Pa..."

LOVE, SEX AND MAGIC

"¡*Güey*! Ya sé que no estás saliendo ni nada, pero vamos a ir a ver a Fanny Lu al Gran Hotel. Anímate, ¡vamos *goooeeey!*"

Un "no quiero" fue lo primero que pasó por mi cabeza. Pero después pensé: "tienes que hacerlo, tienes que intentarlo...".

"Órale, va", le contesté a mi amiga emocionada, cuando en realidad estaba obligándome a mí misma.

"*Cool*, paso por ti."

Y ahí estaba, afuera del antro de moda en la Ciudad de México, lleno de *teenagers* rogando por entrar, al igual que la demás gente, rogándole a un gorila que pooooorrr favoooooorrrr los dejaran entrar. Los pinches gorilotas todavía se daban el lujo de escoger quién entraba y quién no. A los güeritos y güeritas los dejaban pasar en chinga; si eras un poquitín cafecito, te jodías. Como si ellos fueran europeos. Complejos *after all*, se sentían poderosos o quién sabe qué.

Pasamos rápido, no tuvimos que rogar por nada y no todos éramos güeritos, pero alguien con quien íbamos tenía algún tipo de "palanca" con los de la entrada.

La música estaba a todo volumen, *Love, Sex and Magic* de Ciara con Justin Timberlake.

"Me gusta esa canción", pensé. "Pero, ¿por qué no le bajan al volumen?" Después me dije a mí misma: *"Güey*, estás en un ANTRO, la música es FUERTE, *deal with it".*

Un mesero nos llevó a nuestra mesa, supongo que eramos privilegiados porque la mayoría de la gente rondaba por todo el lugar sin tener dónde poner su chupe. De todas formas eran dos mini mesitas para ocho o diez personas.

Quince minutos después llegaron dos botellas a la mesa, una de *Bacardí* y una de *Smirnoff*. Todos empezaron a atacarlas como si de verdad se murieran de sed.

"Toma tu chupe", me dijo uno de mis amigos con un vodka *cranberry* en la mano.

"No, *güey*, gracias. No voy a tomar", le contesté. Y de verdad, no quería tomar. Nunca me gustó mucho el chupe: lo tomaba y me emborrachaba y abusaba, pero NUNCA me gustó.

"¡Ay, no seas mamona, toma!"

Y agarré mi vaso de vodka. Le di un trago y sentí cómo me quemaba la garganta. Aquello me lo había servido un albañil; el jugo de arándano solo estaba de adorno, era puro vodka. Pero bueno, ya estaba ahí, iba a tomarme solo ese trago e iba a intentar disfrutar, aunque no pudiera ni respirar de tanta gente que había...

"No deberían dejar entrar a nadie más, no puedo ni caminar", le grité al oído a una amiga, como viejita enloquecida por el ruido y la gente.

"¡*Güey*! ¡Relájate!", me contestó también gritando.

Por supuesto, no había otra manera de comunicarse que no fuera a gritos.

Era como si no hubiera pasado nada, como si no hubiera estado internada. Todos me trataban como normalmente lo harían. Nadie decía nada al respecto.

Bueno, de todas formas no se podía hablar, pero estaba tranquila de no tener que explicar nada ni contar nada.

"Voy a divertirme, voy a divertirme, voy a divertirme", me decía constantemente a mí misma. Pero no estaba divirtiéndome. Solo quería estar en casa viendo *Grey's Anatomy* con una cobijita y un plato de palomitas. "¿Qué chingados hago aquí?", me pregunté por fin. "Puedo agarrar un taxi", pensé.

"¡Toma!"

Ese era mi segundo vaso de vodka. Ni siquiera tenía que pedir que me sirvieran, de eso se encargaba alguien más. Siempre hay alguien que se encarga de empedar a los demás.

"¡Chúpale, chúpale!", y no podía soltar el popote ni un segundo porque ya estaban encima de mí diciéndome lo mamona que era por no chupar sin respirar.

"¡Fondo, fondo!"

"¡Saluuuud!"

Llegó un momento en el que ya me sentía mareada. Esos dos vasos de vodka contaban por cuatro normales.

Después de diez minutos pude llegar al baño, casi casi tacleando a todas las chamaquitas con tacones de cinco metros y hombrecitos con la camisa casi totalmente abierta. Me esperaba una cola de cuando menos diez mujeres y otras diez frente a los espejos pintándose y peinándose.

"O sea, *goey*, sabes que es un mujeriego…"

"Sí, *goey*, pero está bien guapo."

"Ah, pues dátelo."

Ese tipo de pláticas escuchaba dondequiera que volteara.

Cuando al fin logré entrar a uno de los baños, me hinqué en el piso y vomité sin control. Estaba segura de que nadie escuchaba nada, entre la música y las pláticas superficiales.

"¿Estás peda? Vomitaste, ¿verdad?", me dijo una desconocida al salir del cubículo. No le contesté. Ella estaba el triple de borracha que yo.

Noté que había dos botellas nuevas en nuestra mesa. Me escondí detrás de un muro para que no me sirvieran más, pero en el momento en el que me vieron, me dieron otro vaso lleno de alcohol.

"¿Y la tal Fanny Lu?", pregunté.

La verdad es que no tenía idea de quién era Fanny Lu.

"¡Jajaja, *güey!* ¡Ya cantó y ni cuenta te diste!"

Me di cuenta de que lo que menos nos importaba a todos era Fanny Lu. Todo era una excusa para emborracharse.

Yo no quería emborracharme, pero ahí estaba: en viernes a la una de la mañana, en el antro más fresa de la ciudad... borracha.

Me hubiera quedado a ver *Grey's Anatomy*, se quedó bien interesante. "La cagué", pensé.

FIESTA NO SOLICITADA DE CUMPLEAÑOS

"¿**Q**ué quieres hacer para tu cumpleaños?", me preguntó una amiga, emocionadísima.

"Mmm, nada, tal vez comer o ir al cine con mi familia", le contesté, tranquila. De verdad para mí esa es la idea de un cumpleaños perfecto: estar con la gente que quieres y hacer algo que te gusta.

"¿Neta, *güey?* ¿Cuántos años tienes? ¿Setenta? ¡Vamos a hacerte una fiesta!"

"No, neta no quiero fiesta; no quiero tener que convivir..."

"¡Me vale madres, fiestaaaaa en tu casaaa!"

Y sí, acabé YO organizando una fiesta que NO quería hacer. Mi casa no es exactamente un salón de fiestas; al contrario, no hay mucho espacio para ese tipo de eventos, pero no invité a mucha gente. O sea, YO no invité a mucha gente: mis amigas se encargaron de correr la voz de la magnífica y no deseada fiesta. Una fiesta de pijamas, TODOS en pijama. Esa parte me agradó porque nunca me ha gustado mucho la ropa. Siempre he pensado que todo sería más fácil si todos vistiéramos pijamas en todo momento. Todos estaríamos cómodos y a la moda.

"Va a estar padre, es tu cumpleaños, trata de disfrutar", me repetí varias veces.

De pronto, mi casa se convirtió en un antro mitad *gay*, mitad *buga*.[4] Cada vez había más gente, algunas personas no tan conocidas. El alcohol (que finalmente es lo que más le importa a la gente) sobraba; también había botanas, música... No iba tan mal la fiesta, pero yo me sentía incómoda. No me sentía a gusto conmigo misma. No me gustaba. Me veía al espejo y pensaba "qué fea soy". No estaba contenta con mi apariencia y eso se había acentuado en los últimos días.

Prefería que no me tomaran fotos. Me escondía, pero de todas formas aparecieron al menos cincuenta fotos en las que al día siguiente me *taggearon* en *Facebook*.

"¿Y mi celular?", pregunté a los que estaban en la mesa donde lo dejé. Tenía un nuevo celular *Motorola*, muy bonito.

"Quién sabe..."

"No sé..."

"Ahí estaba, ¿no?"

Esas fueron las respuestas que recibí.

La siguiente media hora me dediqué a buscar mi celular. La gente se me acercaba para felicitarme y platicar conmigo, pero yo no prestaba mucha atención.

A las dos horas di mi celular por perdido. "¿Cómo es posible que te roben tu celular en tu casa, en tu fiesta?", pensé. A nadie le importó. A fin de cuentas era un celular. Esas cosas pasan todo el tiempo.

Pero yo sí estaba enojada: no había perdido mi celular, ¡me lo habían ROBADO en mi casa!

El resto de la fiesta fue una tortura para mí. Quería que todos se fueran, quería que me dejaran en paz. Quería que me dejaran de servir "astronautas" y caballitos de todo tipo de alcohol. Al parecer, mis amigas sí estaban disfrutando la fiesta, pues estaban demasiado borrachas (terminé cuidándolas). La fiesta terminó, al menos no tan tarde.

La mayoría de la gente se trasladó al antro *gay* de moda y yo me quedé en casa con dos de mis amigas, cantando en el *karaoke* borrachísimas (ellas, yo no).

---

[4] En el argot de la comunidad *gay*, un *buga* es un heterosexual.

ANAFRES

"*¡Güey!* Vamos a Anafres, es cumpleaños de Fulanita de Tal". Generalmente mi teléfono sonaba para invitaciones similares; por eso, algunos días, sobre todo los viernes y sábados, optaba por apagarlo por completo.

"¿A Anafres?"

Anafres se convirtió en un lugar de perdición gracias a nosotras. Con nosotras me refiero a mis amigas de la universidad y a mí. Al principio era simplemente un bar-restaurante de comida corrida. Horrible. Era como una cueva *underground* con paredes rasposas y con sillas y mesas de plástico.

Estaba muy cerca de la universidad, así que muchos empezamos a ir a tomar ahí. El alcohol era demasiado barato. Se empezó a correr la voz y los jueves y viernes por la tarde había cada vez más gente. El dueño no tenía idea de qué hacer con la gente, no estaba acostumbrado. Una de mis amigas se ofreció a llevar la música, discos MP3 con canciones de moda y algunas *oldies*.

Muy pronto el dueño, *Paquirri* (así lo apodamos), se hizo nuestro amigo y *fan* número 1, ya que básicamente nosotras controlábamos el lugar.

Agregamos *karaoke* o, más bien, un micrófono que no soltábamos para nada. Todas y cada una de nosotras éramos "animadoras" y cantábamos al ritmo de Alejandra Guzmán, Gloria Trevi y Ana Gabriel. Incluso teníamos coreografías para cada canción.

Todas las bebidas costaban 28 pesos el litro. UN litro de vodka, UN litro de cuba, UN litro de tequila. Generalmente no gastábamos más de cien pesos y con eso ya estábamos borrachas; no borrachas: borrachísimas.

A veces, cuando nos cancelaban alguna clase, nos íbamos sin pensarlo dos veces, aunque fueran las once de la mañana.

Después de unos meses, Anafres era un antro por completo, uno en el que ya era difícil caminar de tanta gente que asistía. También la comunidad *gay* empezó a ir y, de pronto, Anafres se transformó en el antro *gay* más famoso de la zona.

Lo bueno de Anafres era que podías ir a cualquier hora y, como nosotras éramos VIP, no nos negaban nada. Incluso cuando era cumpleaños de alguien nos regalaban botellas de *Karat*, un vodka que venía en botella de plástico, y si *Paquirri* se lucía, nos regalaba una de *Oso Negro*, que era básicamente alcohol etílico, o al menos a eso sabía.

Paquirri tenía unas encías grandes y dientes muy chiquitos. Era un hombre medio rabo verde: aunque su esposa estuviera ahí, él toqueteaba a todas las chavas que se le ponían enfrente. La esposa trabajaba en la barra sirviendo los maravillosos litros de alcohol. Trabajaban con ellos dos o tres meseros; uno de ellos, Fernando, era medio... lento, y también disfrutaba bailar y toquetearnos a todas. Después, conforme *Paquirri* fue ganando dinero, se hicieron algunos *improvements* en el lugar, aunque los baños siempre fueron un *pain in the ass*. Solo había dos cubículos y la puerta de uno de ellos no servía, así que alguien tenía que detenerla. Generalmente había cola para entrar al baño. Ahí es donde hacías más amigas y hasta ligabas.

Nosotras nos sentíamos dueñas del lugar porque hacíamos lo que se nos pegaba la gana. Aunque hubiera una cola enorme en el baño, yo me metía con alguien, quien sea que fuera mi ligue de esa tarde o noche, y nos besuqueábamos y fajábamos, incluso cogíamos mientras todas afuera se quejaban porque ocupábamos el baño mucho tiempo. Ni siquiera recuerdo el número de veces que lo hice, pero fueron bastantes. Cuando había mucha gente y era muy difícil hacerlo en los baños, nos íbamos a mi auto o al Callejón de los Milagros, que era un callejón que estaba junto al Anafres, totalmente oscuro y, por supuesto, peligroso.

Una vez, dos perros se acercaron a mí y a la que en ese momento era mi *date*. Según yo me llevaba bien con todos los animales, así que me acerqué para acariciar a uno de ellos, ¡cuando me soltó una mordida en la pierna! Así me di cuenta de que no era amistoso. Mi pierna tenía dos hoyos sangrantes, los colmillos del perro, pero eso no me detuvo: entramos de nuevo al lugar a seguir con la fiesta. Nunca me vacuné contra la rabia ni nada y aún vivo.

Después de Anafres nos movíamos al Lipstick, el antro *gay* de moda en la Zona Rosa. Para cuando llegábamos a este lugar, estábamos completamente perdidas en alcohol y yo, por supuesto, en alcohol y pastillas y gotas y marihuana o cualquier cosa que se me pusiera enfrente.

Ahí ligaba con alguna otra y me metía al baño a hacer lo mismo que había hecho en Anafres. Tampoco puedo acordarme del número de veces que lo hice o el número de veces que la encargada del baño me sacaba casi casi de los pelos y con el pantalón desabrochado.

"¡Aquí no puedes hacer esto! ¡Ya te lo he dicho! ¡Es la última vez!", me decía siempre.

Después, como venganza, me robaba sus escobas, trapos o guantes y la pobre tenía que ir detrás de mí por todo el antro para recuperarlos.

Algunos días, aunque fuera entre semana, terminábamos en algún otro bar o antro o *karaoke* del DF; una vez terminamos en un *table* a las cinco de la mañana.

Mis papás todo ese tiempo pensaban que estaba en casa de una amiga estudiando o simplemente que me había quedado en casa de una de ellas porque estaba más cerca de la universidad. Amanecía con moretones en el cuerpo y así nos íbamos a la escuela, a veces totalmente en vivo. Otras veces regresaba a mi casa perdida por completo y al día siguiente ni siquiera me acordaba cómo lo había logrado.

A veces nos salíamos de la universidad para ir a fumar marihuana, regresábamos completamente drogadas a comprar comida y a tomar las clases en las que, por supuesto, mi desempeño era nulo. No entendía nada, no apuntaba nada, solo dibujaba o dormía.

El problema venía después, cuando tenía que rogar a los maestros que no me reprobaran.

Ahí fue cuando todas mis mentiras empezaron. Desde ahí empecé a perder el control.

Regreso a Anafres:

"¡*Güey*! Vamos a Anafres, es cumpleaños de Fulanita-de-Tal."

"¿A Anafres? No, gracias. Paso."

GILMORE GIRLS

Después de dos intentos fallidos de reintegración al mundo real, continué en lo que me parecía algún tipo de arresto domiciliario, uno que yo misma me había impuesto.

Cualquier invitación que recibía era rechazada; no me interesaba en lo absoluto volver a intentarlo.

Mis salidas consistían en ir con Juan Carlos dos veces por semana y regresar pronto a casa, después de haber hecho algunos corajes en el camino.

Estaba asustada. Asustada de lo que veía en la calle.

"¡Muévete, cabrón! Estás viendo que se va a poner el rojo, ¡¿y aún así te cruzas?!", gritó un señor y se bajó de su *Audi* para golpear con sus manos en el cofre del taxista.

Yo... en medio de los dos, presenciando toda la escena.

El taxista se bajó y lo empujó. El señor soltó un golpe al aire. Falló (supongo que su *target* era la cara del taxista). Gritos y gritos, más groserías y reclamos.

El semáforo cambió a verde, cada quien regresó a su auto y siguió su camino. El señor del *Audi*, no conforme, tocó el cláxon hasta que desapareció de la escena. El taxista reía, aunque él había sido el del error.

"¡Vieja pendeja!", escuché decir a alguien que se emparejó junto a mi ventanilla.

"¿Qué? ¿Por qué?", contesté.

"¡Si hubieras acelerado, sí pasabas!", me dijo furioso el hombre. Pero yo no tenía por qué hacerlo: el semáforo estaba a punto de ponerse en rojo.

Inevitablemente se me salieron las lágrimas. ¿Por qué me atacaba de esa manera? Solo era un semáforo.

El señor se asustó al verme llorar. No supo qué hacer, salvo subir su vidrio y mirar hacia el frente.

No me quedaban más ganas de salir. Gente atacando a la demás gente por razones estúpidas. Todos descargan su energía en chingarse a los demás. Es como una cadena de mierda. Si alguien te chinga, tú chingas a alguien y ese alguien chinga a alguien más y esto nunca acaba. El chiste es que todos nos chingamos los unos a los otros y se vuelve un infierno. Nunca lo he entendido del todo. Al menos yo no contribuyo en esta cadena, más bien, trato de romperla, aunque de todas formas salga jodida.

Me convertí en una persona muy dependiente de mi familia, más de mi hermana; no quería hacer nada que no fuera con ella o si no me acompañaba ella. No quería hacerlo. Supongo que era difícil para Carla sentir esta carga encima todo el tiempo. Le pedía ayuda para todo, aunque fueran las cosas más sencillas.

En esos días tenía muy poca tolerancia: todo me hacía enojar o me irritaba.

Un día, mi hermana hizo un comentario, ni siquiera recuerdo bien qué fue, solo sé que volteé a verla con gesto de *fuck you, bitch* y le solté un puñetazo en la cara. No me di cuenta de lo que había hecho hasta después, cuando vi a mi hermana con una maleta en la puerta de la casa.

Dijo: "Yo no puedo con esto. Voy a irme de aquí por un tiempo..."

Me asusté. Sabía que todo era mi culpa. Unas horas después mi hermana regresó a casa con todo y maleta, me dijo que me quería y que me perdonaba, que quería que todo estuviera bien y así acabó aquello, todos felices, pero yo sabía que en el fondo ella me tenía rencor y coraje. Me tenía miedo. Yo no quería que mi familia me tuviera miedo, pero así era: todos me trataban con pinzas porque tenían miedo de que explotara e hiciera una pendejada.

"Me toca la tele de abajo", le dije otro día a mi hermana, en tono demandante.

"No, *güey*, estoy yo aquí. Vete a alguna de las de arriba", me contestó, enojada.

"No, quiero estar aquí", dije, con un tono de niña chiquita que quiere salirse con la suya.

"¡Que no, *güey*! ¡Deja de molestarme!", me gritó.

Me acerqué a la tele y la apagué.

"¡ME TOCA AQUÍ!", repetí, esta vez muy enojada.

"¡No! Y, ¿sabes qué? Ya no voy a prestarte mis temporadas de *Gilmore Girls*."

Como mis días consistían en dormir y ver series, y esa era la que estaba viendo en ese momento, me dolió.

"¿Ah, sí? Pues mira qué hago con tus series."

Agarré los discos y subí a mi cuarto, abrí el balcón y amenacé con tirarlos.

"¡Dámelas!", gritaba Carla, enojada.

"¡No! ¡Voy a tirarlas si no me las prestas!"

De verdad estaba comportándome como niña de cinco años.

Solté un golpe al aire.

"¡A ver! ¡Pégame! ¡Pégame otra vez, a ver si te atreves!", me dijo Carla, pero yo podía ver el miedo en sus ojos.

Lo hice, pero fallé.

"¿Tomaste algo?", me dijo mi mamá y revisó mis ojos y mis pupilas.

"¡No tomé nada!", contesté gritando.

"¿Segura?", me dijo, con un gesto de preocupación.

"¡Segura! ¡Déjenme en paz! ¡No tomé nada! ¡Ni siquiera salgo de la casa!"

Eso hizo que se tranquilizara: saber que no había manera de que hubiera conseguido algo.

Y así era constantemente. Mis pensamientos nunca paraban y tampoco las ganas de salir corriendo a buscar algo que me reviviera, lo que fuera. A veces me daban ganas de comerme mi propio cerebro; al fin y al cabo, eso comen los zombis, ¿no? *Brrrrains!*

LO QUE COMPRAN 1,500 PESOS

¿En qué momento dejas de ser "normal" para ser "anormal"? Desde muy pequeña empecé a ir a terapia; bueno, la verdad es que siempre terminaba en sesiones con las terapeutas escolares que, por supuesto, eran suficientemente chafas como para no ayudarme *at all*. Supongo que trataban con demasiados "niños rebeldes", no sé. Recuerdo que me daban libros y libros para leer, los cuales yo, a mis doce o trece años, no leía. Prefería leer cómics de *Archie*.

A los quince años empecé a ir con Fina, una psicóloga que fue muy comprensiva. Trataba de encontrar la raíz de mi rebeldía y apatía, pero nunca me enteré si lo logró. Dejé de verla después de unos meses y yo me sentía igual que cuando llegué.

Después vino Verónica: con ella si duré más de un año. Me gustaba ir con Verónica porque me dejaba dibujar, me llevaba crayolas y plumones y yo, aunque ya tenía 17 años, me comportaba como una niña pequeña a la que le encantaba llegar a su terapia a dibujar. También me dejaba llevar mi música; supongo que este era uno de sus métodos para poder acercarse a una adolescente como yo. A veces yo llegaba muy estresada a terapia, o al menos eso decía, porque la verdad es que no sé qué puede estresarte a esa edad (¿los exámenes?). Muy amablemente, Verónica cometió el error de ofrecerme un masaje. La verdad es que estoy segura de que ese método no viene en ningún tipo de texto; incluso llegué a pensar que tal vez tenía sentimientos hacia mí. En ese entonces yo ya me había dado cuenta de que era *gay* (aunque tenía novio). Sabía muy en el fondo que las mujeres me gustaban y que me gustaba llamar su atención. Ella fue la primera en saberlo y me consta que trató de explorar esa parte, pero yo no me dejaba. Prefería cambiar de tema o hablar de mi novio, a quien quería mucho pero no porque me atrajera. Tal vez como mi amigo. Él era muy bueno conmigo (¿a quién no le gusta que lo consientan? Claro que estaba encariñada con él: me daba todo lo que quería y pedía).

Después de más de un año decidí que la terapia con Verónica ya no me funcionaba, así que dejé de verla. Yo me sentía bien; digo, seguía teniendo problemas en la escuela, pero fuera de eso me sentía bien.

Aunque mis papás estaban separados en ese momento y todo era muy confuso, siempre supe que todo regresaría a la normalidad después de un tiempo y así fue. Mi papá dejó de tomar y regresó a casa; incluso mi mamá y él empezaron a "*datear*" y a ir a terapia juntos. Todo era normal de nuevo.

Después de haber abierto la puerta de "creo que me gustan las mujeres", empecé a sentirme confundida. No entendía bien qué me pasaba. El tema se convirtió en un problema porque no podía dejar de pensar en eso. Empecé a ser más distraída y rebelde en la escuela, constantemente estaba enojada y mis papás no sabían por qué; es más, ni siquiera yo lograba entender por qué. Quisiera decir que esa fue la raíz de mis problemas, pero sé que no es así.

Empecé a ir a terapia de nuevo, pero esta vez con un psiquiatra. Yo estaba segura de que él era *gay*, pero al principio no toqué el tema. Hablábamos más bien de... pendejadas. Yo le daba mucho el avión. La verdad es que el hombre tenía un tono de voz demasiado bajo, tanto que la mayoría de las veces no entendía qué decía. "¿Huh?", le contestaba y él repetía lo que había dicho. Más o menos lograba cachar la idea de lo que intentaba decirme, pero la verdad es que mis terapias con él fueron una verdadera tortura. Dejé de verlo.

Después de haber sido medicada por el *Doctor Voz Ligera*, mi tratamiento debía continuar. Me diagnosticaron una depresión severa, la cual, según yo, no era tan severa. Simplemente era una lesbiana adolescente confundida. Ahí fue cuando empecé a ver al *Doctor Dios*, quien fue el principal culpable de mi adicción a las pastillas. Él era el médico de mi papá, quien también tenía una depresión.

Mil quinientos pesos la consulta (con un tiempo máximo de media hora). El *Doctor Dios* tenía tantos pacientes que no podía dedicar más tiempo a ninguno. Y para él eso no era ningún problema: él recibía sus mil quinientos pesos cada media hora (a veces quince minutos) y se hacía millonario.

A veces, cuando el *Doctor Dios* no estaba disponible, el Doctor F me atendía. Él tenía su consultorio en el mismo lugar. Me gustaba mucho ir con él porque me hacía reír y al menos me daba cuarenta minutos de terapia.

Después de todos mis problemas y de que mi mamá "corrió" al *Doctor Dios*, Juan Carlos entró como superhéroe a levantarme, pero eso ya lo saben.

En ninguno de ellos confié ciegamente. Yo sabía y estaba consciente de que lo que el *Doctor Dios* hacía estaba muy mal; lo sabía, pero no hice nada al respecto. Al contrario, lo alentaba para que me diera más y más medicamentos que requerían receta; digo, para algo tenían que servir esos mil quinientos pesos...

"Me siento muy mal, muy decaída y deprimida. No puedo concentrarme bien y no puedo dormir. Volví a cortarme; sigo vomitando sin poder controlarlo..."

"Muy bien", decía el *Doctor Dios*, "voy a subirte la dosis de *Tafil*. Aquí tienes dos recetas."

Yo, por dentro: "¡A huevo!"

MAMÁ DRAGÓN

"**V**as a estar bien, Paito...", me dijo mi mamá mientras acariciaba mi cabeza pelona. "Siento mucho que tengamos que vigilarte tanto."

Y sí, constantemente me sentía vigilada, acechada por mis papás y mi hermana. Por las mañanas, el teléfono sonaba tres o cuatro veces: generalmente era mi mamá o mi papá, que desde el trabajo le marcaban a la señora Rosa para preguntar cómo estaba, si ya me había levantado, si ya había desayunado...

"Siento mucho tener que controlarte yo los medicamentos, pero quiero que entiendas que es por tu bien."

Una vez más, mis medicamentos estaban bajo llave y mi mamá solo me los daba cuando era hora de tomarlos.

Sé que a todos, mamá, papá y Carla, les afectaba muchísimo todo lo que estaba pasando conmigo, pero era en la mirada de mi mamá donde podía darme cuenta del daño tan profundo que les había causado.

A veces me pregunto de cuál planeta vendrá mi mamá, porque definitivamente de la Tierra NO es. Es una de las personas más chistosas que conozco; es impresionante cómo ella no se da cuenta de lo cagada que puede ser y ESO es lo mágico. No lo intenta, no lo fuerza, simplemente es. La primera vez que fue a Disneylandia, se enteró de que Aurora (la de *Sleeping Beauty*) había nacido en 1959, el mismo año en que ella nació, y en el mismo mes: enero. Esas no eran las únicas dos similitudes entre mi mamá y La Bella Durmiente. De verdad, si ella fuera una caricatura, sería exactamente así, como Aurora (físicamente). Lo curioso es que, como todos sabemos, las princesas de Disney (o al menos las primeras) no se caracterizan exactamente por su inteligencia, y a mi mamá le sobra.

Mi mamá empezó a coleccionar *Sleeping Beauties*; después agregó a su colección uno que otro dragón y cada vez más y más. Si ahora le preguntas, te dirá que Aurora representa algo muy bonito para ella, pero que con el paso del tiempo se dio cuenta de que ella NO es una princesa, sino un dragón.

Mi mamá dragón.

Después de un par de meses, Juan Carlos dio la orden de que yo tenía que encargarme de mis propios medicamentos y así fue. Los tomé al pie de la letra, ni uno más ni uno menos. Aun así, mi mamá me supervisaba constantemente, contando las pastillas cuando creía que yo no la veía. Supongo que era muy desgastante para ella.

Tenía pesadillas todo el tiempo. Casi todas las noches me levantaba de un brinco, despertaba a mi hermana y le decía que me atacaban arañas o bichos. De verdad podía sentirlos caminar por todo mi cuerpo y mordiéndome.

"¿Puedo dormir contigo? Tengo mucho miedo", le decía a Carla. Las dos nos acurrucábamos en su cama y ella me acariciaba hasta que me quedaba dormida. Después, en el día, podía ver su cara de desvelada y sabía que era mi culpa. Sabía que todo lo que había pasado, todo lo que habían vivido, todo lo que habían sufrido y todo el miedo que sentían en todo momento era MI culpa. Solo mía.

LA VIDA ES IMPREDECIBLE

De verdad, la vida es impredecible. Bueno, al menos yo lo he vivido así. Tantas cosas que me han tomado por sorpresa, muchas otras no tanto, pero siempre habrá algo que llegue sin avisar.

¿Cómo es que puedes encontrar al amor de tu vida en una red social? Cuando más negada estás hacia ese tema, cuando estás segura de que tal vez no exista ese "alguien especial" para ti. De verdad, cuando ves todas esas cosas en las películas, piensas *bullshit*, pero cuando empiezan a ocurrirte te llega el pensamiento: "Bueno, tal vez no era tan *bullshit after all*". Llega así como si nada: "¡Hola! Soy la persona de tus sueños, *nice to meet you*. Voy a cambiar tu mundo en 3, 2, 1...".

Así, como si nada, cambia tu mundo y te cambia a ti. Empiezas a ver todo de una manera diferente y esa persona se vuelve tu entorno, tu compañera y la persona con la que quieres pasar el resto de tu vida.

¿Cómo puedes encontrar una amistad verdadera y cómo puedes encariñarte con alguien a quien no conoces en la vida real? ¿Cómo puedes tener una amistad verdadera a larga distancia? ¿Cómo pueden pasar años sin ver a esa persona en carne y hueso y, cuando finalmente la ves..., es como si hubieran crecido juntas o como si se hubieran visto el día anterior?

¿Cómo puedes enfrentar la muerte cuando toda tu vida ha sido ajena a ti y, de repente, así como si nada... una, dos, tres, cuatro muertes de personas amadas? Piensas que no vas a poder porque es demasiado, pero te das cuenta de que sí puedes. Te das cuenta de que eres más fuerte que lo que creías, que todos estos años ha estado ahí esa fortaleza pero no habías tenido que usarla.

¿Cómo es que te das cuenta de que las cosas que antes te hacían reír ya no tienen el mismo efecto? Te das cuenta de que tal vez has cambiado y te preguntas si es para bien o para mal. Cosas que creías que te hacían feliz ya no son tan importantes, ya no te gustan. "¿Pasé de escalón?", te preguntas. ¿Estoy avanzando o estoy retrocediendo? ¿Son las otras personas las que se quedaron estancadas o soy yo? ¿Me muevo muy rápido o, simplemente, estoy parada en el mismo lugar y todo lo de afuera es lo que está cambiando?

¿Cómo dejas en el pasado las cosas que duelen y enfrentas cosas nuevas? ¿Se puede? ¿Puedo? Y te das cuenta de que sí puedes. Siempre puedes. Siempre has podido.

¿Cómo voy a escribir un libro si no soy escritora? ¿Cómo es que se me abren nuevas oportunidades? ¿Voy a poder? Y siempre llegas al mismo punto, a la misma respuesta: sí puedo. Sí estoy pudiendo. Sí voy a poder.

Perfecto, ahora parece que escribo libros de autoayuda.

Un día te levantas y te das cuenta de algo: lo ves de una manera como no lo habías visto antes. Ni siquiera se te había ocurrido y así, de repente, ese algo es diferente para siempre. Sabes que ya no hay vuelta atrás. Entiendes que estás un paso adelante y regresar sería un error.

¿Cómo podría decirlo? ¿Triunfé? ¿Lo logré? ¿Lo hice? ¿Gané?

Llevaba más de seis meses sin consumir nada.

Claro que había sido difícil; a veces, pasaba frente a una farmacia y me estacionaba afuera pensando "solo una vez más", pero después de unos minutos de lucha interna arrancaba el auto y seguía mi camino.

Poco a poco empecé a recordar cómo funcionaba el mundo: cada quien en su pedo, cada quien en sus cosas. Todos tenían actividades y rutinas... menos yo. No quería tener una. O tal vez sí, pero que no tuviera que salir de mi casa.

Cuando estás saliendo de una adicción tienes mucho tiempo para pensar. Empecé a darme cuenta de muchas cosas. Constantemente recordaba momentos que no quería tener en mi memoria. Era como si mi pasado estuviera en mis hombros, molestándome todo el tiempo.

Y no quería soltarse. Sentía que aún estaba enferma, que en cualquier momento iba a cagarla y todo se derrumbaría de nuevo. No confiaba en mí ni en el mundo. Todo me parecía muy peligroso.

También mi familia me trataba como si estuviera enferma: con demasiado cuidado, con precaución. Sabían que en cualquier momento podía explotar. Y yo me repetía "eres *borderline*; tienes derecho a hacerlo".

Ni siquiera sabía si eso podía curarse.

Juan Carlos me dijo que claro que podía curarme.

Adicta siempre iba a ser: eso no se quita, simplemente se "desactiva".

La diferencia radicaba en que ahora tenía la oportunidad y cada vez estaba más cerca de ser una persona completamente normal y funcional.

TOQUE DE QUEDA

"*Time heals everything*." Eso dicen, ¿no?, y la verdad es que es cierto. Conforme más pasaba el tiempo, más sanaba, más me integraba al mundo y más me abría de nuevo. Los días pasaron, después semanas y meses. Sin darme cuenta, poco a poco volví a incorporarme a la sociedad, a hacer cosas cotidianas, a seguir ese camino que en algún momento se había desviado.

Empecé a convivir con mis amigos una vez más; aunque cuando se trataba de pedas, la mayoría de las veces inventaba excusas. Así me sentía más segura, sin tentaciones.

Empecé a "ligar": odio esa palabra pero no sé de qué otra manera decirlo (¿"flirtear", "echarme el pedo"?). Fue con una amiga con la que ya tenía historia. Después de unos meses de ligoteo, se convirtió en mi novia. Ya con una relación podía declararme *back in the game*, o sea, de vuelta al mundo como persona normal. Aunque aún tenía *breakdowns* y me entraban mis loqueras de vez en cuando, me sentía sana, me sentía bien, me sentía una persona normal.

Sabía que tenía que hacer algo más. No solo tenía: quería hacer algo más, quería aprender algo nuevo.

Mi mamá estudió desarrollo humano por muchos años. Pude ver su emoción cuando le dije que quería estudiar algo por el estilo:

"Ay, mi Paito, no sabes el gusto que me da escuchar eso. No sabes lo feliz que vas a ser."

Me gustaba la idea, pero no estaba convencida al 100%. Empecé a investigar, sin prisa, pero fui a algunas escuelas y ninguna me provocaba emoción. Todavía seguía un poco desensibilizada.

"¡Vamos con Fina! Ella va a poder guiarte un poco", me dijo mi mamá.

Hasta la fecha me pregunto qué tipo de nombre es "Fina". Sí, era una mujer del tipo fino, con porte, ya grande, pero estoy segura de que fue muy guapa de joven. Al principio pensé que su verdadero nombre era JoseFINA; pero no: era Fina a secas.

Equis: resultó que Fina quería abrir un nuevo grupo de desarrollo humano, ya que CODHU, el instituto donde mi mamá había estudiado, ya no existía. El problema era que no había suficiente gente interesada. Por mi parte intenté animar a algunas amigas, pero solo una se interesó. Finalmente, el grupo nunca se abrió y las ganas que tenía se fueron a la basura. Decidí no intentarlo más. "Tal vez después", decía.

Al fin entré a estudiar desarrollo humano y me sentí de vuelta completamente. Empecé a hacer nuevas amistades, amistades verdaderas con personas que jamás imaginé tener como amigas. Cada vez tenía más conocimientos sobre el tema, me encantaba y siempre quería saber más.

Hay muchas maneras de ayudar a los demás. Sentía que necesitaba ayudar de alguna manera a la gente; no porque yo estuviera iluminada o algo por el estilo, solo quería ¿apoyar?, ¿contribuir? O al menos compartir mi experiencia. Pero también para ayudar tienes que saber hacerlo. El desarrollo humano no solo te hace crecer como persona y darte cuenta de un chingo de cosas: te ayuda a poder comunicarte... ESE era uno de mis principales defectos: la comunicación y yo jamás nos habíamos entendido muy bien que digamos.

Empecé a evolucionar y lo más increíble de todo fue cuando me di cuenta de cómo mi actitud hacia el mundo era completamente distinta.

Después de mi especialidad en desarrollo humano (que NO es igual a "Únete a los optimistas"; más bien es una herramienta maravillosa que vale la pena tener a la mano), seguí con psicoterapia Gestalt y ahora puedo declararme "Orientadora Humanista y Psicoterapeuta". Qué chingón, ¿no?

Al seguir mi camino como una nueva persona, alguien en recuperación, la relación con mi familia comenzó a mejorar. Mis papás cada vez confiaban más en mí y eso era lo más importante para mí en ese momento: recuperar su confianza.

Aunque aún podía sentir su miedo.

Tenía una especie de "toque de queda": después de las nueve de la noche no podía usar mi auto. No me molestaba porque de todas formas no me gustaba salir de noche. Esas cosas dejaron de tener importancia. Mi vida dejó de girar alrededor de cosas banales como fiestas, alcohol, drogas y personas que no me aportaban nada positivo. Ni siquiera el sexo: no tenía ganas, no se me antojaba. Quería estar segura; no quería tener ningún tipo de detonante que me hiciera descarrilarme de nuevo. El terror a recaer es algo con lo que tenía y tengo que vivir todos los días. La manera más fácil de mantenerme sobria y segura era estar en mi casa.

MORIR

Algunas veces, cuando estoy sola y tengo tiempo para pensar, miles de dudas vienen a mi mente. Creo que nunca estuve muy consciente de cuál iba a ser el resultado o, más bien, cuál PUDO ser el resultado de todo lo que estaba pasando. Una de dos: o salía adelante o me moría. No existía otra variante.

Como ya he dicho, el *Doctor Dios* le dijo a mis papás que se fueran preparando porque yo iba a morir (sí, el hombre decidió declarar mi muerte antes de tiempo). No quiero pensar lo que esto significó para mis papás y para mi hermana. ¿Cómo alguien puede darte por muerta cuando aún sigues viva? Para él, yo ya era un caso perdido o, no sé, tal vez estaba muy enojado porque mi mamá lo mandó a la chingada.

Saber que él les había dicho eso me hizo pensar mucho.

¿Llegó un punto en el que inconscientemente de verdad quería morir? Cualquier momento pudo ser el último.

¿Qué hubiera pasado si en algún instante mi cuerpo y mente ya no hubieran aguantado más? Una pastilla más, un trago, una fumada, un volantazo, un golpe... ¿Cuántas veces yo misma me puse al borde de ese precipicio que pudo haberme llevado a la muerte? Hoy ya no sería nada. Hubiera dejado de existir. No estaría escribiendo esto en este momento.

¿Qué habría pasado si hubiera muerto? ¿Qué habría pasado con mis papás, mi hermana, mis amigos? ¿Qué hubiera cambiado en el mundo si yo ya no estuviera en él? Ciertamente seguiría su curso pero, ¿cómo hubiera afectado mi muerte al mundo de la gente que me conoce?

VIVIR

A veces hablo con mis fantasmas. No puedo evitarlo y de alguna manera no puedo dejarlos completamente en el pasado. Siempre regresan.

Sonrío cuando me doy cuenta de mis propias manías y ya no me importa lo que el mundo piense de mí.

Creo que en la vida valemos por lo que somos y también por lo que hacemos. Lo primero lo entiendo como el respeto que tenemos hacia nosotros mismos y hacia los demás.

Muchas veces, sin embargo, lo que hacemos nada tiene que ver con lo que somos. Es cosa nuestra las decisiones que tomamos porque están sujetas a nuestro libre albedrío... o a nuestra muy personal forma de pensar.

Lo que hacemos determinará irremediablemente nuestro destino y esa responsabilidad es solo nuestra. Los límites de nuestros actos los establecemos nosotros mismos.

No se vale decir que hemos tomado nuestras decisiones gracias a los demás. Echarle la culpa al pasado o a los demás es muy fácil.

Sé que muchos caen en el abismo de las drogas, ese mal moderno de este mundo. Muchos no aceptamos lo que somos o simplemente perdemos la brújula de nuestros actos en el camino de una vida apresurada y sin sentido que, con el tiempo, solo nos lleva a compartir nuestros problemas con la soledad y el desánimo.

Tomé un mal camino: me di la vuelta donde no debía más de una vez. Pero también logré encontrar el camino de regreso y aquí estoy.

A veces me pregunto: si pudiera regresar el tiempo, sabiendo lo que sé ahora, ¿volvería a tomar las mismas decisiones?, ¿cometería los mismos errores? Y si no, ¿sería la misma persona que soy ahora?

Nunca podré estar segura de eso, pero lo que sí sé es que mi pasado oscuro es una parte de mí que no puedo borrar, que no debo ignorar y que no quiero olvidar.

Tal vez sí hubo un momento en el que parecía que era un caso perdido. Pero de alguna manera logré levantarme, logré sobrevivir.

Aquí estoy.

Encontré algo en mi cabeza. Voy a parafrasear porque ni siquiera sé de dónde lo saqué. Tal vez yo lo inventé, no sé, pero me parece maravilloso:

"Nada ha cambiado, solo yo cambié. Entonces... todo ha cambiado".

Ciudad Satélite, Estado de México
Guadalajara, Jalisco
Mayo de 2013

EPÍLOGO

Hermana:

Sé que hace mucho tiempo que no te escribo una carta. Cuando éramos más pequeñas lo hacía más seguido y hubo un tiempo, cuando estuviste internada, que nuestra forma favorita de comunicarnos era de esta manera. Todavía tengo todas las cartas que me escribiste en esos "meses del terror"; están en una bolsa, en un cajón debajo de mi cama y, a diferencia de las cartas que me escribías cuando éramos unas pirinolas, estas no las leo con buenos recuerdos. Me duele abrirlas y recordar esa época cuando casi te pierdo para siempre.

Ahora te veo, la Ana que eres ahorita, y sé que has cambiado, no en el sentido de que seas otra persona, sino que has evolucionado, has luchado para salir adelante, para dejar atrás algo que por poquito te mata. Sé que todavía te cuesta trabajo, que siempre tendrás que vivir con algún tipo de dolor que conlleva tu "enfermedad", que habrá días donde tengas que empujarte con todas tus fuerzas para poder siquiera levantarte de la cama. Lo sé, lo veo. Pero eso es una pequeña parte de todo lo que veo, porque eso se opaca con la persona en la que te has convertido, la cual está llena de vida.

Por mucho tiempo nos hemos definido como E.T. y Elliot; estamos tan conectadas que es inevitable que cuando tú estás bien, yo estoy bien; y cuando tú estás mal, yo estoy mal y viceversa. Ahora me siento bien y eso significa que tú estás bien.

Nunca podré olvidar esos largos meses cuando pensé que nunca más tendría a la hermana que recordaba. Que te veía a los ojos y veía cómo estabas perdida en un lugar de donde nadie podía rescatarte, down the *rabbit hole*.

Hubo una noche cuando de verdad te di por muerta. Sip. Te llevamos a urgencias, te habías tomado no sé cuántas pastillas y te hicieron un lavado de estómago. Yo estaba en la sala de espera; no podía dejar de ver las puertas por donde te habían metido en una camilla y nada más esperaba que saliera un médico a decirnos que ya, ese había sido el fin. Tu cuerpo ya no había aguantado. Adiós. Ya no te vería más.

Sentí un vacío que no puedo explicar, no solo mi vida cambiaría por siempre y nunca volvería a ser la misma; pero además estaba segura de que un mundo sin Ana Montana sería un lugar más oscuro.

Pero no, eso no pasó. Todavía estás aquí. Aunque ya no vivimos en la misma casa y tú ya seguiste adelante con tu vida, todavía puedo hablar contigo todos los días. Cuando vas a visitarme, podemos quedarnos horas platicando en la noche y contarnos cuentos. Podemos hacer maratones de películas de terror. Podemos ir a comer juntas y reírnos de cualquier tontería. Puedo despertarme en las mañanas y pasarme a tu cama para que me abraces. Puedo sobar tu pelona. Puedo tener a mi Elliot (o E.T.) a mi lado.

Te veo y veo a alguien increíble. Si tuviera que describirte con una palabra, sería: mágica. Todo sobre ti es mágico. Y esa magia se contagia a cualquier persona que te conoce. Esa magia se transmite en tu historia, que no es la historia de una víctima de la que todos piensan: "ay, pobrecita" o "ay, pobre idiota". No. Es honesta, real, genuina. No hay ni una palabra ahí que no sea tú.

Es por eso que te escribo esta carta, para darte las gracias.

Gracias por haber seguido adelante y "regresar a nosotros".

Gracias por siempre estar ahí.

Gracias por seguir aquí.

Gracias por abrirte y dejar que más gente te lea y te conozca, just the way you are.

Gracias por esparcir tu magia.

Gracias por ser mi hermana.

Tú eres mi persona.

Te amo.

—CARLA ☺

SEMBLANZA

Ana Paola es una constante transformación de sí misma; por ello, es muy difícil lograr una descripción de ella "tal cual".

Creyente y amante de la magia y la fantasía, del amor y del poder de los animales y de la energía de la naturaleza, a pesar de todo cree que la humanidad aún está a tiempo de entender el daño que ha causado. Ana tiene una forma inusual de percibir el mundo y una manera muy particular de entender a las personas y establecer conexiones con ellas.

Nunca la verán usar tacones, es descaradamente pelona y notablemente "hippiosa"; sus trabajos consisten en "de todo un poco", pero siempre hace lo que le gusta.

Tras estudiar Comunicación en la Universidad Iberoamericana y posterior a un periodo de adicciones muy difícil en el que entró a rehabilitación, se especializó en desarrollo humano y psicoterapia Gestalt en el Instituto Humanista de Psicoterapia Gestalt (IHPG), con el fin de estar más preparada para ayudar a personas que viven lo mismo que ella.

Actualmente radica en Guadalajara, Jalisco, con su novia y sus dos hijos: *Lily*, una rata egipcia, y *Brucas*, un *Boston terrier*.